U0137831

吕思勉修身课

吕思勉 • 著　　　　　陈卫平 • 导读、注释

上海古籍出版社

图书在版编目(CIP)数据

吕思勉修身课 / 吕思勉著;陈卫平导读、注释. —
上海：上海古籍出版社,2022.8
ISBN 978-7-5732-0293-2

Ⅰ.①吕… Ⅱ.①吕… ②陈… Ⅲ.①品德教育-中
国-通俗读物 Ⅳ.①D648-49

中国版本图书馆 CIP 数据核字(2022)第 098052 号

吕思勉修身课

吕思勉　著

陈卫平　导读、注释

上海古籍出版社出版发行

(上海市闵行区号景路 159 弄 1-5 号 A 座 5F　邮政编码 201101)

(1) 网址：www.guji.com.cn

(2) E-mail: guji1@guji.com.cn

(3) 易文网网址：www.ewen.co

上海颛辉印刷厂有限公司印刷

开本 890×1240　1/32　印张 9.875　插页 4　字数 231,000

2022 年 8 月第 1 版　2022 年 8 月第 1 次印刷

ISBN 978-7-5732-0293-2

K·3160　定价：45.00 元

如有质量问题,请与承印公司联系

吕思勉

（摄于 1952 年）

第一課 道德

要旨

本課使學生知道德之重要並私德公德之別

本文

人何以異於禽獸以其能羣也人何以能羣以其有道德也然則道德者人類進化之原而世界幸福之所託也 德有公私之別對於一己之道德私德也對於家庭之道德則私德而兼公德矣對於國對於羣對於世界對於萬物之道德謂之公德 私德公德條件雖異本原則同德不修非特不足以淑身不足以處世並不足以爲人矣

教授要義

（一）人與禽獸皆爲動物之一而人獨能超然爲萬物之靈者不徒其智識技能優於禽獸也實因人有道德禽獸無道德耳禽獸惟無道德故不免受制於人人類有道德故能合其羣以成社會合社會以成國家使萬

书影

序论

李永圻

　　说起历史学家吕思勉先生，大家都知道他撰述过《白话本国史》和先秦至隋唐的四部断代史，还有厚厚三大册的《读史札记》等。其实，吕先生还编撰过好多种中小学的教科书，除了历史一科之外，他撰写的教科书有国文、地理、修身等好几个科目。据我们的统计，吕先生编撰出版的中小学教科书，有十六种：

　　（1）《新编中华民国　国文教科书》，十二册，上海民国南洋图书沪局1913年版；

　　（2）《新编共和　修身教授书》，十二册，上海民国南洋图书沪局1913年版；

　　（3）《高等小学　新修身教授书》，九册，上海中国图书公司和记1914年版；

　　（4）《高等小学用　新式最新国文教科书》，六册，中华书局1916年版；

　　（5）《高等小学校用　新式国文教授书》，六册，中华书局1916—1917年版；

　　（6）《高等小学校用　新式地理教科书》，六册，中华书局1916年版；

　　（7）《高等小学校用　新式地理教授书》，六册，中华书局

1916—1917 年版；

（8）《高等小学校用　新式历史教授书》，六册，中华书局1916—1917 年版；

（9）《新法　国语教科书》，六册，商务印书馆 1920 年版；

（10）《高等小学校用　新法历史参考书》，六册，商务印书馆 1920—1922 年版；

（11）《新学制高级中学教科书　本国史》，商务印书馆 1924 年版；

（12）《复兴高级中学教科书　本国史》，二册，商务印书馆 1934 年版；

（13）《高中复习丛书　本国史》，商务印书馆 1935 年版；

（14）《初中标准教本　本国史》，四册，上海中学生书局 1935 年版；

（15）《更新初级中学教科书　本国史》，四册，商务印书馆 1937 年版；

（16）《初级中学适用　本国史补充读本》，上海中学生书店 1946 年版。

还有当年学校的油印讲义，以及几种由当年学生记录成册的讲义，现在经过整理，出版成书的也有七种：

（1）《中国文化史六讲》，1929、1930 年任教于江苏省立常州中学油印讲义；

（2）《〈古文观止〉评讲录》，1942 年任教常州青云中学高二国文课讲义；

（3）《本国史（元至民国）》，1942 年任教常州青云中学高二本国史讲义；

（4）《中国文化史》，1942 年任教常州青云中学高二课程讲义；

（5）《国学概论》，1942年任教常州青云中学高二课程讲义；

（6）《中国近百年史概论》，1942、1943年任教常州辅华中学（今常州市第三中学）的油印讲稿；

（7）《本国史复习大略》，1944、1945年在常州郊外湟里（今常州埠头）博文中学"中国史讲座"的油印讲义。

两者合计，总共有二十三种，其中历史类的有十四种，地理类的二种，修身类的二种，国文类的五种。这些教科书，大多是吕先生独撰的，有几种是吕先生与人合撰的；一位著名的历史学家编撰过这么多的中小学教科书和教学参考书，这在民国年间，乃至今日的学术界也是很少见的。

吕先生一生从事文史的教育工作，与一般教学工作者不同的是，他的教师生涯是从小学（常州私立溪山两级小学堂）开始，进而中学，后来才进入到大学任教。他教过的科目，自以历史为最多，除历史之外，还教授过国文、地理等。1907年，二十四岁的吕思勉先生在常州府中学堂任教，这一年的冬季，钱穆先生也进入常州府中读书，吕先生的地理课令他终身难忘，他后来写道："诚之师不修边幅，上堂后，尽在讲台上来往行走，口中娓娓不断，但绝无一言半句闲言旁语羼入，而时有鸿议创论，同学争相推敬。其上地理课，必带一上海商务印书馆印中国大地图。先将各页拆开，讲一省，择取一图。先在附带一小黑板上画一十字形，然后绘此一省之四至界线，说明此一省之位置。再在界内绘山脉，次及河流湖泽。说明山水自然地理后，再加注都市城镇关卡及交通道路等。一省讲完，小黑板上所绘地图，五色粉笔缤纷皆是。听者如身历其境，永不忘怀。"（钱穆：《八十忆双亲　师友杂忆》，生活·读书·新知三联书店1998年版，第60页）可见，虽是中学里的地理课，吕先生的讲课、备课也是极其用心的。他不仅教课、备课用心，还对教学中遇到的一些问题,做深入的探讨,写成文章,供教学界的同人参考和研讨。他最早写成的学术性文章,就是讨论小学国文课的教学和学习的,如《小学教授国语宜用俗语说》《初等小学国语科宜用通俗文议》《全国初等小学均宜用通俗文以统一国语议》和《修习国文之简易法》等(除《初等小学国语科宜用通俗文议》仅存篇目外,现均收入上海古籍出版社《吕思勉全集》第十一册,2015 年版)。早年,他还在南通国文专修馆教授过公文写作课,在上海私立甲种商业学校教授过应用文字课,又参考日文教科书,教授商业经济、商业地理等课。十多年的中小学教学实践,为他的教科书编撰工作,积累了丰富的教学经验和学术资料。1914 至 1918 年,吕先生经人介绍,进上海中华书局任编辑,主要从事教科书、教授书和教学参考书的编撰。1919 年,又一度进上海商务印书馆任编辑。大体说来,20 世纪二十年代前,吕先生编辑的都是小学的教科书和教学参考书,科目涉及历史、国文、地理、修身;20 世纪二十年代后,编撰的多是初高中的教科书,大多是历史教科书。这些教科书或教学参考书,不仅是研究民国中小学教育、民国教科书的重要资料,也是我们今天学习历史、国文等科目仍有价值的参考书。

《修身课》即《高等小学　新修身教授书》,原系吕先生与杨晟、臧励成先生合编的一部教学参考书,1914 年 6 月由上海中国图书公司和记初版。该书与教科书配套,共分九册,每册设十至十五课不等,每课编有:本课要旨、教科书本文、教授要义、备考等栏目,以供教师授课时参考。在书前的"编辑概言"中,编者强调"修身"课的教学贵在激发学生起而践行:"修身要旨,在涵养儿童之德性,导以实践。"为养成学生优良的品性,教师应随时随地指示引发学生的实践之心。《修身教科书》经由当时教育部审批,审核的批词认为:"是书于道德教育、国民教育,俱能揭其要领,选材亦俱切当,按之高等小学程度,颇为适宜。准作秋季始业用书。"在此之前,吕先生还编撰过一部《新编共和　修身教授书》(十二册),由民国南洋图书沪局 1913 年 3 月初版,但此书我们尚未找到,只是见于书目著录。

此次选编的这本教科书,是以上海古籍出版社《吕思勉全集》第二十二册《高等小学　新修身教授书》为基础,再以初版本校订,除了订正原书的一些讹误之外,其他都未作改动,以保存著作的原貌;为便于读者的阅读学习,请陈卫平先生加了一些注释,并请他撰写了一篇导读。陈先生是华东师范大学哲学系教授、博士生导师,教育部人文社科研究基地中国现代思想文化研究所研究员,兼任中国哲学史学会副会长,上海哲学学会副会长等职务。陈先生主要从事中国哲学的教学与研究,对传统文化的现代价值也深有研究,由他撰写的《导读》,对于读者阅读、理解吕先生的《修身》教材一定大有帮助。

2017 年 3 月

导读

陈卫平

一

吕思勉（1884—1957）是众所周知的中国现代著名史学家，其实他也是教育家，而这往往未被人们充分注意。翻阅《吕思勉全集》，其中有八卷近二十种的教科书，科目涉及历史、地理、国文、文选、修身。《高等小学　新修身教授书》（以下简称《修身》）正是其中之一。称吕思勉为教育家，不仅是因为他编写了这么多教材，也不仅是因为他的受业弟子中有钱穆、唐长孺、杨宽等史学名家，还因为他有中小学基础教育的实践和研究。《修身》从某个侧面表明了这一点。

此书出版于1914年6月，由吕思勉与杨晟、臧励成合编。当时教育部的审定批词给予很好的评价："是书于道德教育、国民教育，俱能揭其要领，选材亦俱切当。按之高等小学程度，颇为适宜。"获得如此评价，并非偶然，而是因为那时吕思勉已经有了多年在中小学以及职业学校、大学的任教经验。从1905年到1911年，吕思勉先后在常州溪山小学、东吴大学、常州府中学堂、南通国文专修馆教书，1912年又到上海私立甲种商业学校任教，直至1914年暑假前。在编写本书时，吕思勉不仅有着多年的教学经历，而且用心研究教学方法。国文课是他教授最多的课程，这是中小学最基础的课程。在吕思勉留下的论著中,可以看到在 1909 年至 1910 年期间,他曾三次撰文讨论国文的教学问题,批评当时流行的教学方法,提出改进建议。这些经历无疑为《修身》的编写打下了重要基础。

《修身》出版于一百多年前,对于今天的读者还有意义吗?"修身"是儒学的重要范畴,也是儒学的道德实践,是两千多年传统社会里立德树人的根基,教书育人的必修课。党的十八大以来,以习近平为核心的党中央把接续中华修身传统作为传承发展优秀传统文化的重要方面。2017 年新春伊始,中共中央办公厅、国务院办公厅印发《关于实施中华优秀传统文化传承发展工程的意见》,把优秀传统文化贯穿国民教育始终作为重要任务之一,要求以幼儿、小学、中学教材为重点,构建中华文化课程和教材体系。《修身》在"修身"之前加上"新"字,表明其追求的是将传统的修身与新的时代需求相适应,与现代学校教育相协调。可以说,吕思勉是探索传统文化如何贯穿国民教育的先行者。今天当我们继续先行者事业的时候,回顾其留下的足迹,不仅是为了礼敬先行者,更是为了从先行者那里获取借鉴。

本书名为"教授书",意谓高等小学教师讲授修身课的参考用书,共有九册,与三个学年九个学期相匹配。辛亥革命后建立的中华民国,在 1912 年至 1913 年间,建立了学校教育的新学制即"壬子、癸丑学制":小学校分为初等和高等。初等小学校招收六足岁的儿童,学习四年,作为义务教育;高等小学校招收初等小学毕业生及同等学力者,学习三年;中等学校招收高等小学毕业生及同等学力者,学习四年。可见,本书用以教授的对象相当于现在的小学高年级和初中一年级。它对于今天构建中华文化课程和教材体系颇有值得借鉴的地方。

二

值得借鉴之一，是如何处理新与旧的关系。清末兴起了以废科举、办学堂为诉求的教育改革。在科举废除后的1906年，清政府提出的《教育宗旨》是："忠君""尊孔""尚公""尚武""尚实"，试图在旧的封建价值观的基础上建立新的学校教育体系，而其设置的修身课程是培育"忠君""尊孔"价值观的核心课程。1912年蔡元培担任民国教育总长，认为"忠君""尊孔"违背现代社会平等、自由的价值观，因而民国政府规定教育宗旨为"注重道德教育，以实利教育、军国民教育辅之，更以美感教育完成其道德"。对于道德教育的注重，表现为依旧设置了修身课程。同年，民国政府颁令以"孝悌忠信仁义廉耻"八德为立国之本，这自然也是学校道德教育的主要内容。倡导这八德是儒学传统，可见，在蔡元培主持下，民国初年的学校教育，试图把现代社会的价值观与传统道德融合起来，以培养"健全国民"。

《修身》比较充分地体现了这样的精神，"新修身"可谓实至名归。儒学修身传统的结构，即是修身、齐家、治国、平天下。以个人道德修养作为出发点，从自己做起，由近及远，这是合乎少儿认知规律和教育教学规律的。《修身》借鉴了这样的结构：每个学年的三册教材，都是由个人修身讲起，然后推及家庭、社会、民族、国家。也就是说，九册教材形成了三个修齐治平的循环，每个循环体现了由浅入深的梯度。传统的修齐治平包含了理想人格、理想家庭、理想社会、理想国家等，对于这些方面，《修身》大量地吸取了与现代价值观念相契合的内容，反映这些内容的不少新名词就是课文的标题，如"卫生""公益""合群""爱国""储蓄""竞争""自由""自治""社会"

"国家""宪法""国会""政府""司法""警察""选举""军国民""商业道德""工业道德""我国民族""国民之义务""国民之权利""法律与道德的关系",等等。不过,在讲解这些新内容时,《修身》也不时借用中国传统典籍的话语,以体现传统文化新的时代生命力。如在第八册第一课"社会"的课文中,就以孟子"一人之身,而百工之所为备",说明个人的衣食住行离不开其他人的劳作,由此阐述个人与社会相维相系之道。这些新内容大体上均是在戊戌维新前后得以传扬的。吕思勉曾自述戊戌维新思想家康有为、梁启超、严复等人对其影响很大,从上述的新名词中可见一斑。但《修身》并不是简单地求新弃旧。梁启超的《新民说》把道德区分为私德和公德,批评传统的修身是偏重私德的"束身寡过主义",强调发扬合群之公德。《修身》第一册第一课"道德"指出:"德有公私之别。"这显然是来自梁启超的话语,但不同于梁启超的强调公德,吕思勉认为公德虽然重要,但是"德,譬则树也。私德,树之根本也。公德,树之枝叶也。根本不固,枝叶未有能茂者。故修德之程序,当从私德始"。即私德是公德的基础。这体现了在吸取新理念中传承发展注重个人德性修养的旧传统,这样的传承发展贯穿整套教材。第一册第一课和第九册最后一课都是"道德",即始于"道德"且终于"道德",这使人想起了《论语》的第一章和最后一章都论述了君子即道德人格的修养。可见,《修身》继承了以个人德性为出发点和落脚点的修身传统,而从这出发点到落脚点的修身内容则被赋予了很多时代的新内容。

三

　　值得借鉴之二,是如何处理教与学的关系。《修身》"编辑概言"说明了每课的内容是:"首列本课要旨,以简括之语,提示全课要领。

次列教科书本文，为教授时讲授字句之用。次列教授要义，综括本课意义，旁征博引，逐段说明。次列备考，于本课名物训诂，分别详疏，以便教员教授时之参考。"这样的设计意味着将教材转化为教学。不仅如此，"编辑概言"还提出"教授时宜处处注重道德，并随时随地实地指示，以养成学生优良之品性，而引起其实践之心"。这样的要求意味着将教学体系转化为学生认知认同体系。如此的两个转化，使得《修身教授书》真正具有了指导教学的性质。严谨的逻辑是形成教学体系和学生认知认同体系的必要条件。《修身》正体现了这一点。

前面已经指出，整个《修身》的结构是修齐治平的三个循环。因此，三个学年的教学上，有着相同的主题，而把这些主题相同的内容安排在不同学年，是有其内在逻辑的。举三个学年同以"孝亲"为题的课文及其教授要义为例：第一学年的"孝亲"课，从父母对儿女的养育和石匠夏旸的孝亲事例说明为何孝亲，即孝亲是出自报答父母养育之恩的初心；第二学年的"孝亲"课，由范仲淹、范纯仁父子的孝亲行为说明如何孝亲，即大孝终身慕父母，而非一时一事之举；第三学年的"孝亲"课，以子路、皋鱼、乐正子春对孝亲的认识说明孝亲何为，即孝亲的作用是使得天下之人举手投足皆不敢忘善，由此可谓"以孝治天下"。从为何孝亲到如何孝亲再到孝亲何为，正是这样的逻辑形成了"孝亲"的教学体系和学生认知认同体系。

《修身》有不少同题课文分为"一""二"，即同一个问题分为两课来讲授，这同样体现了教学实践和学生认知认同体系的逻辑。如第六册的第十、十一两课是"法律与道德之关系一""法律与道德之关系二"，两课之间的逻辑关系十分清楚。第十课是讲解法律与道德的同异，"同"在均用以规范人们行为，异在前者有强制性，后者出于主体自愿；第十一课是讲解"法律当与道德并行，始获美果"，而这显然是建立在明白两者同异之上的。如果说这里的逻辑是以学理来贯穿，那么，第三册讲授"爱国"的两课则用从历史到现实的逻辑来链接。"爱国一"从历史上苏武牧羊阐述什么是爱国，而"爱国二"从辛亥革命建立中华民国指出什么是今天应爱之国。即使不是同题的课文，《修身》也揭示出其中的逻辑联系。如第四册的"储蓄"和"济众"，表面上看，储蓄和济众是相反的，前者积存财富，后者布施财富，而"济众"的"教授要义"却说："前课言储蓄之道，曾言不可鄙吝矣。"但是"若善于储蓄者，有时亦以其有余助人之不足，即所谓济众是也"。这就以两者的相反相成提示了两课之间的逻辑关系。《修身》的"教授要义"也有很强的逻辑性。如第四册"自由"课的"教授要义"的五点，第一点指出"任意而行"不是自由；第二点指出什么是自由，即"法律所赋予之自由"；第三点指出不遵守法律，会遭受法律惩戒，"则欲自由而仍不自由"，这是从反面论证第二点；第四点讲解群己自由的关系，这是对前面要义的深化，因法律赋予每个人自由，于是就产生我之自由和人之自由的问题；第五点以这一课的格言"不自由，毋宁死"和"自由，自由，天下几多之罪恶，假汝之名以行"进行总结，即自由是我们的价值理想，但也须警惕借自由之名而煽动人们胡作非为。这些"教授要义"的逻辑性为教学实践的逻辑性和学生认知认同的逻辑性提供了指引。

四

　　值得借鉴之三，是如何处理事与理的关系。《修身》几乎每一课文和对课文的讲解，都是通过事例来阐发义理。这样的教学方式无疑是遵循了小学生的认知认同规律，即由具体事例来知晓和接受其中的道理。《修身》形成如此风格，和吕思勉受传统史学浸润有关。中国传统史学寓道德褒贬于史实叙述中，《孟子·滕文公下》就有

"孔子成《春秋》而乱臣贼子惧"之说。《四库全书》集传统典籍之大成，其中"经"与"史"的关系，就是"理"与"事"的关系，理从事出，事以证理，此即《四库全书总目》所云："征事于史，可以明古今之成败。"吕思勉把这样的史学传统运用于《修身》，既让修身义理在故事的叙述中活起来，又让这些故事由义理的提升而亮起来。更值得注意的是，《修身》的事理交融贯穿了不忘本来的精神，把优秀传统文化作为培植小学生修身新家园的丰厚沃土。这主要表现在以下三个方面：

首先，将传统美德故事与传统名言名句之义理相互印证，体现了对于传统美德的继承性。《修身》中关于个人德性养成的教授，如立志、慎言、克己、守信、孝亲、报德、行恕等等，都是选取中国传统美德故事，以传统典籍中相关的名言名句为导引，伸发其中的义理。这里举第三册"守信"课为例。该课文讲了两个故事，一是三国时期吴国的卓恕从建康回会稽，与诸葛恪约定某日复归。他人以为会稽、建康相去千里，约定归期是虚文应对。然而，卓恕竟如期而归；二是唐朝罗道琮流放岭南，与其同行的朋友死于途中，罗道琮答应过他，一旦自己能从岭南返回，一定不让其遗体弃置异乡，后来罗道琮遇赦，实践了许诺。课文点明，这两则故事从不同角度体现了守信：一则不爽约于千里，一则不失信于死友。"教授要义"进一步以《论语》中孔子的"人而无信，不知其可"和子夏的"与朋友交，言而有信"来阐发义理，强调应当继承这样的美德，做到"对于社会，不可失信。对于一己，不可自欺"。

其次，用中国传统义理阐释外国故事，体现了传统义理具有适合中外的普遍性。不忘本来并非拒绝外来，而借鉴外来是为了更好地认知认同本来。比如，第八册的"总统"课，指出美国总统林肯、约翰逊、霍勃森均为平民出身，因其才与德而被民众选举推戴；对此

"教授要义"引用《礼记·礼运》作了阐释:"《礼》云:'大道之行也,天下为公。选贤与能,讲信修睦。'此实大同太平之极则也,民选总统,实寓斯意。"日本在明治维新后迅速崛起,这对当时中国有很大影响,《修身》第四册"自尊"课,叙述明治维新思想家福泽谕吉和吉田松阴对于自尊的提倡,而以孟子"自暴者,不可与有言也;自弃者,不可与有为也"概括他们的义理,"不自暴不自弃,则自尊矣"。上述两例外国之事与中国之理相交融,使得学生领悟传统哲理蕴含着贯通中外的智慧。

再次,以传统事理回应现实,体现了它们具有改善社会人生的时代性。《修身》以传统事理讲修身,不是要学生沉溺于古人心性敬诚的精微讲论中,而是充满着匡正现实的时代性。以第一册"俭约"课为例,讲了宋代贫寒出身的司马光和"官二代"身份的范正平的故事:司马光"不喜华靡",以后虽为名相,但平生布衣蔬食;范正平徒步往返于距城二十里之地,用破旧扇子遮挡烈日,"人不知其为宰相之子也"。选取两位分别出身于贫寒和富贵家庭却都有俭约之德的故事,说明"由俭入奢易,由奢入俭难"的道理。讲这样的事理,《修身》是针对时弊的。其"教授要义"指出:"今日社会之情状,较之古时奢靡极矣。国贫民困,良有以也。吾愿诸生师司马光、范正平俭约之风,以之自励,更愿诸生以改良社会奢侈之习惯为己任也。"这般用传统事理警示今人,以推动社会崇德向善,在《修身》中不胜枚举。学生由此认识传统文化在现实社会中的正能量。

五

值得借鉴之四,是如何处理知与行的关系。修身之"修"有"行"的意涵,因而儒学也会把修身称作修行。这意味着修身不仅要人们认知道德的性质、意义、德目，此即《大学》的"明明德"，而且要人们以礼仪来规范自身行为，此即孔子的"道之以德，齐之以礼"（《论语·为政》）。对于儿童修身来讲，要他们"明明德"不很容易，所以儒学将其列入"大学之道"，而以"齐之以礼"为儿童修身的入手处，孔子对儿子的教育就从"不知礼，无以立"（《论语·尧曰》）开始。懂礼数是传统家教的重心。儿童如能持久按照礼仪规范自己，就能养成良好的习惯，这些习惯成了他们第二天性，礼仪蕴涵的道德义理就自然而然地内化于心了。这样的德性培养过程符合儿童的认知认同规律，《修身》对此加以继承和发扬。第一册"敦品"课里，认为有的人品性卑劣，就在于"幼时不知敦品，习与性成，致日趋于卑下耳"。因此，"教授要义"进而指出："欲握敦品之原，一言以蔽之曰：守礼而已。"第四册"守规律"（这里的"规律"即今天讲的"规则法律"）课的"教授要义"强调：随时随地遵守行为准则，"久久如此，便成习惯"，"言习惯即成自然"，就不会有受准则束缚之苦的感觉。《修身》的"守礼"主要有两大方面：一是怎样的行为是违礼的；一是怎样的行为是合礼的。

对于怎样的行为是违礼的，《修身》遵循了孔子的说法，其第一册"敦品"课的"教授要义"指出："目有视，非礼勿视也；耳有闻，非礼勿听也；口有言，非礼勿道也；身有所举动，非礼勿动也。能若是，品行未有不端者。"根据高小学生的特点，《修身》的重点在非礼勿言和非礼勿动。对于非礼勿言尤重不说谎。《修身》在第一册和第四册的两篇课文里，各以司马光和华盛顿幼年时的故事，凸显无论中外说谎都是非礼之言。司马光幼时谎称自己做成了其姐未能做成的事——脱去青胡桃的皮，实际上这是由女婢设法完成的。他因而被其父严厉呵责，从此再也不敢说谎。后来有人问司马光什么是可以终身行之的尽心行己之要，他答道："其诚乎？""问行之何先？曰：

'自不妄语始。'"对此"教授要义"指出"人当幼时,最喜炫己之长",于是不免掠人之美而作伪,"习之既久,诚意灭矣"。就是说,由于说谎是儿童易犯的毛病,因而要把不说谎作为儿童非礼勿言的首要,扣好诚信的第一粒纽扣。对于非礼勿动,《修身》主要是针对高小学生容易沾染的不良嗜好,提出了"戒吸烟""戒嗜酒""戒赌博"等。

对于怎样的行为是合礼的,《修身》主要集中于高小学生基本活动场所即家庭、学校。对此《修身》往往通过设置问题情境,使学生在遇到类似情形时,能够效仿书中提倡的行为。比如学生日常居家的孝亲行为应当是怎样的,《修身》以孝亲模范石匠夏旸的故事,告诉学生"冬月,侍父同寝,必先温衾褥。母病,侍汤药,不离左右,衣不解带者三年"。对于如何礼敬家族中的长辈,如何与邻里以礼相处等等,《修身》亦有类似的指示。再比如,学生在校的敬师行为应当是怎样的,《修身》也有具体指示:"弟子之于师也,坐则隅,行则随,请业则起,请益则起,奉命承教,必诚必恪,尊师之礼然也。""侍坐于师,不敢与师抗。从师而行,不敢出于师之前。他若有所问,必起立。有所请,必起立。相见必行礼,相遇必旁立。皆敬师之礼也。"其他的如同学间如何以礼相待,与同学结伴出游时如何对待公园或野外的花木等等,《修身》都提供了实际的行为指南。

要做到行为不违礼而合礼,必须经常自我反省。《修身》将这一传统修身手段具体化为适合高小学生的一系列问题:"诸生平日有无过失乎? 亦曾有犯学校之规则乎? 欲不犯学校之规则,必思当日之所犯者何事;欲无丝毫之阙失,必思当日之有过者何故。"这样的反省,既是对修身之知的深化,也是对修身之行的落实。《修身》出版在新文化运动白话文兴起之前,用的是文言。这对于小学生不免有点艰深。《修身》注意到这个问题,因而在课文之后,大都设有简短易记而有思想内涵的"格言",与置于课文之前的本课"要旨"相互呼应,如第七册"持满"课的格言是"满招损,谦受益"。第一册"惜阴"课的格言是"人生最系恋者过去,最希望者未来,最悠忽者现在"。吕思勉曾在常州、南通搜集过民谣。《修身》的格言吸取了民谣朗朗上口、明白晓畅、一语中的的优点,弥补了文言带来的艰深问题,表现了让修身的知与行便于小学生易记易行的用心。

六

"导读"犹如旅行团的导游。跟着导游,旅行团的众多旅游者走同样的路线,看同样的名胜,住同样的宾馆,拍下同样背景的照片。这就可能遮蔽了某些美丽的风景。于是,兴起了自助游,人们策划了不同于导游的旅游方案,因而对同一个旅游地点,可以感受到导游视野外的其他方面。这里很希望读者在这篇导读之外,能够"自助游",从而领悟导读没有提供的东西。在此还需要告诉读者,《修身》并非完美无缺,存在着某些历史局限性。比如以范纯仁因要在父母身边侍奉而拒绝出仕作为大孝的范例,恐怕是不适应现代社会的;还有表彰夏旸,虽然儿子被其弟殴打至死,但为了怕母亲伤心和伤了兄弟和气而隐忍不言,这与现代法治是不符合的;再如在讲解"竞争"一课时,称"美洲之红种(印第安人)"和"非洲之黑种"为"世界最劣之人种者",这无疑与今日的认知和价值观念相违。"自助游"时对此也应予以注意,这样才能看到真正的美丽风景。

在2017年写下这篇导读时,吕思勉先生去世已整整六十年。吕先生生前,我无缘亲聆其教诲。然而,在中学里,我却有幸受业于吕先生亲炙弟子李永圻老师。李老师从中学开始,就师从吕思勉先生及其女儿吕翼仁先生,抗战胜利后随吕氏父女至上海共同生活。他从复旦大学毕业后,一直在中学(华东师大一附中及其前身光华大学附中)任教。李老师始终问学于吕思勉先生,吕先生去世后,几十年间为整理吕先生的论著而不遗余力。我 1964 年进入中学,李老师讲授历史课。悠久的中国历史由他娓娓道来,就像说故事那样生动形象,抑扬顿挫的语调带着常州话的糯软韵味,我们上课犹如听苏州评话般享受。五十多年过去了,中学校友聚会时,大家都仍记得李老师讲课的某些片段乃至神态、语气。这是否传承了吕先生课堂上的风采? 我不得而知。不过有一点可以肯定:这凝聚了吕先生教书育人的心血。吕先生作为教育家,对于基础教育师资的精心培植,由此可见一斑。李老师对我有特别的关爱,他知道我后来在华东师大从事中国哲学的教学和研究,曾亲自将吕先生的《先秦学术概论》送我家中,并在扉页上题写"陈卫平老弟　惠存　李永圻赠　一九九五年十月十五日",并盖上了自己的印章。勉励之情,跃然纸上,我很受感动。以后,虽然几经搬家,但这本赠书珍藏至今。撰写这篇导读,亦是对师恩的一点回报。但我非史学界中人,对于吕先生的著作和思想缺乏深入研究,因此,这篇导读也许没能揭示此书的要领精义,对此敬请读者批评指教。

教育部审定高等小学　新修身教科书
批词提要

是书于道德教育、国民教育,俱能揭其要领,选材亦俱切当。按之高等小学程度,颇为适宜。准作秋季始业用书。

高等小学 新修身教授书编辑概言

一、本书供高等小学教员教授修身之用，与《新修身教科书》相辅而行。

二、本书共九册，每学期一册，足供高等小学三年之用。

三、本书首列本课要旨，以简括之语，提示全课要领。次列教科书本文，为教授时讲授字句之用。次列教授要义，综括本课意义，旁征博引，逐段说明。次列备考，于本课名物训诂，分别详疏，以便教员教授时之参考。

四、本书以明白晓畅，适于教授之用为主。凡艰深高远之意义，非高等小学学生所能领悟者，概不羼入。

五、修身要旨，在涵养儿童之德性，导以实践。教授时宜处处注重道德，并随时随地实地指示，以养成学生优良之品性，而引起其实践之心。

六、本书皆系文言，教授时宜用方言详细演讲，勿徒呆诵字句，使学生无从领悟。

目　录

第二册（第一学年第二学期）

第三册（第一学年第三学期）

第四册（第二学年第一学期）

第五册（第二学年第二学期）

第六册（第二学年第三学期）

第七册（第三学年第一学期）

第八册（第三学年第二学期）

第九册（第三学年第三学期）

第一册

第一学年第一学期

第一课　道德

要旨

本课使学生知道德之重要，并私德、公德之别。

本文

　　人何以异于禽兽？以其能群也。人何以能群？以其有道德也。然则道德者，人类进化之原，而世界幸福之所托也。德有公私之别。对于一己之道德，私德也。对于家庭之道德，则私德而兼公德矣。对于国，对于群，对于世界，对于万物之道德，谓之公德。私德、公德条件虽异，本原则同。德不修非特不足以淑身，不足以处世，并不足以为人矣。

教授要义

　　（一）人与禽兽皆为动物之一，而人独能超然为万物之灵者，不徒其智识技能优于禽兽也，实因人有道德，禽兽无道德耳。禽兽惟无道德，故不免受制于人。人类有道德，故能合其群以成社会，合社会以成国家,使万物皆受其制也。

(二)人类由部落而进化为国家,由野蛮而进化为文明,实发源于道德。世界文明各国,具安宁之秩序,享自由之幸福者,亦莫不托始于道德。道德之关系,若是其重也,则吾侪人类,讵可须臾忘道德而不知自勉哉!

(三)洁身自好,勤学不倦,士农工商各安本业,是富有私德者也。孝亲敬长,修其身以齐其家,是能具有私德而兼公德者也。至若爱国则不惜毁家纾①难,爱群则不肯利己损人,信义行于四夷,仁爱及于万物,是即所谓富有公德者。

(四)德,譬则树也。私德,树之根本也。公德,树之枝叶也。根本不固,枝叶未有能茂者。故修德之程序,当从私德始。

(五)不能修德者,虽忝②居人类,而其对己对人,皆失为人之道,是不能善其身矣。不能善其身,则必为世所鄙弃,是不足以处世矣。若而人者,直行尸走肉耳,何以异于禽兽哉?

备考

〔群〕合群也。   〔原〕原则也,本也。   〔条件〕条理事件也。   〔本原〕根本也。   〔淑〕善也。

---

① 纾(shū):解除。

② 忝(tiǎn):辱,有愧于。

第二课　立志

本课使学生知立志之必要，以坚其向学之心。

本文

孔子曰："吾十有五而志于学。"又曰："三军可夺帅也，匹夫不可夺志也。"古来圣贤豪杰，所以能成伟业建殊勋者，揆①厥所由，皆在立志而已。志乎，圣贤则为圣贤；志乎，豪杰则为豪杰。立志既坚，事未有不成者。颜渊曰："舜何人也？予何人也？有为者亦若是。"孟子曰："人皆可以为尧舜。"其立志之谓乎！

教授要义

（一）人能立志，则智识日增，学业日进；可以图事，可以自立，可以广声誉，可以弘道德。

_____

①　揆(kuí)：推测，揣度。

（二）孔子，至圣也，万世之师也。而孔子之所以为至圣，垂文教于后世者，不外乎立志。学为圣人，不厌不倦而已。

（三）古者年十五而入太学。孔子既入太学，即立志向学，始终不肯少懈，故能集群圣之大成。课中"吾十有五而志于学"之言，乃孔子暮年追叙之辞。

（四）帅，三军之长也，智勇兼全者为之。然军士之中，苟有智勇胜于其帅者，即足以夺其位而代之。喻高位之不足恃也。匹夫，无位之人，即今所谓平民也。平民而能抱坚忍之志，则不为势劫①，不为利诱，故曰匹夫不可夺志。

（五）世之所称为圣贤豪杰，其功业赫然昭人耳目者，无不由立志而来。

（六）圣贤豪杰，既皆从立志而来，则我欲为圣贤豪杰，亦在立志而已。虽然，立志不难，立志而能始终坚忍则难。世之自命为有志之士者多矣，或则专尚空言，不能实践；或则作事因循，半途而废；或则始勤终怠，功亏一篑。若此者皆立志不坚之过也。苟能立志，复济之以坚忍，则事未有不成者。

（七）尧舜人也，我亦人也。尧舜为法于天下，可传于后世。我苟能立志，为圣贤，为豪杰，安知不能如尧舜之为法于后世乎？故颜子曰："有为者亦若是。"孟子曰："人皆可以为尧舜。"

备考

〔孔子〕名丘，字仲尼，鲁人，邹邑大夫叔梁纥之子也。生于周

---

① 劫：威逼，胁迫。

灵王二十一年,卒于周敬王四十一年①。道德学问,为生民所未有。弟子三千人,身通六艺②者七十二士。尝删《诗》《书》,定《礼》《乐》,修《春秋》,作《孝经》。集群圣之大成,为万世之师表。历代咸尊崇之,至今称为至圣。通称之曰孔子。　〔三军〕古之兵制,万二千五百人为一军。大国则有三军。　〔圣贤〕于事无不通之谓圣,多才而有善行之谓贤。　〔豪杰〕才德出众之称。　〔尧〕陶唐氏,姬姓,高辛氏次子。年十六,诸侯尊为天子。　〔舜〕姚姓,名重华。父顽③母嚚④,弟象傲,舜以至孝感之。后继唐尧为天子,是为有虞氏。　〔颜渊〕鲁人,孔子弟子。姓颜,名回,字子渊。〔孟子〕邹人,名轲,字子舆。战国时之大贤也。崇王道,述仁义,著有《孟子》七篇。

---

① 周灵王二十一年:即公元前551年。周敬王四十一年:即公元前479年。

② 六艺:即礼(礼仪制度、道德规范)、乐(音乐、诗歌、舞蹈)、射(射箭)、御(驾车)、书(文字读写)、数(算术),西周时学校教育的主要内容。

③ 顽:愚钝,固执。

④ 嚚:喧哗,吵闹。

第三课　敦品

要旨

本课使学生知敦品厉行之道，以启发其自尊之心。

本文

同是人类，而流品①各有不齐，岂秉性之异乎？亦由幼时不知敦品，习与性成，致日趋于卑下耳。敦品之事条理甚繁，而握其原亦甚易。非礼勿视，非礼勿听，非礼勿言，非礼勿动。随时随事常存一敦品厉行之心，勿随流俗为转移，而常以转移风俗为己任。则不徒可以淑身，且可以淑世矣。

教授要义

（一）均是人也，或入于善，或习于恶，而社会上流品，遂有智愚贤不肖之分。不知者以谓品之不齐，赋性使然也。岂知品行之端不

---

① 流品：旧时称人的社会地位或官阶、门第的高下。此处指智愚贤不肖之品类。

端,非由天赋,实人为之乎。语曰:"少成若天性,习惯成自然。"苟幼时不知自爱,喜为卑劣行为,久而久之,自流入于污下之途而不自知矣。

(二)凡事必有其本原,故遇复杂之事,欲其条分缕析,必先探其本原,然后逐条研究之,则世间是无难事。

(三)欲握敦品之原,一言以蔽之曰:守礼而已。目有视,非礼勿视也;耳有闻,非礼勿听也;口有言,非礼勿道也;身有所举动,非礼勿动也。能若是,品行未有不端者。

(四)浮嚣者流,目守礼者为迂腐;圆滑之人,视守礼者为固执。苟无定力持之,未有不随俗转移者。故当随时随事,常存一敦品厉行之心。

(五)风俗之良窳①,系多数人民造成之。苟多数之人皆能敦品厉行,则不良之风俗亦必变为优美,且足为世界所效法。故曰可以淑世。

备考

〔敦〕端厚也。　　〔习〕习惯也。　　〔卑下〕谓卑贱而污下,犹言下流也。　　〔厉行〕谓磨厉其行为。　　〔流俗〕习俗也。
〔任〕责任也。

---

① 窳(yǔ):粗劣。

第四课　慎言

要旨

本课言多言之无益，使学生知出言宜慎，并养成其言行一致之风。

本文

汲黯之告汉武帝也，曰："为治不在多言，顾力行何如耳。"为治如此，为学何独不然？曾国藩之论治事也，曰：多条理，少大言。盖天下事盘根错节者甚多，必有艰贞之力，缜密之思，明敏之才，乃克胜之。而多言者，于是诸美德必甚缺乏也。故曰："吉人之词寡，躁人之词多。"多言不独非为学治事所宜也，亦非处世之道。孔子曰："御人以口给①，屡憎于人。"袁采②曰："言语简寡，在我可以少悔，在人可以寡怨。"旨哉言乎！

---

① 口给(jǐ)：犹言口辩。口才敏捷，善于答辩。
② 袁采：南宋进士。其治家格言《袁氏世范》最受世人推崇。

教授要义

（一）言论为事实之母。故人苟有所作为，不能不先之以言论。然凡事言之甚易，行之实难。与其徒托空言，不能实践，奚如先慎其言哉？汉武帝好大喜功，汲黯恐其言不顾行①，故以力行之说告之。

（二）为治之道，必言行一致，斯能望政治之进步。为学亦必言行一致，斯能期学业之进益。故为治与为学，皆以慎言为贵。

（三）治事无论巨细，贵乎井井有条。好为大言者，遇事辄轻易视之，于是因而偾②事者多矣。故曾国藩以多条理少大言为治事之准则。

（四）治事既贵有条理，而整理此条理者，则全恃乎吾人之心思才力而已。故同一事也，或治之而成绩焕然；或治之而毫无结果；或则不畏艰难，再接再厉；或则稍经挫折，功败垂成。其致此之由，恒以治事者之心思才力判之。而多言之人，其心思才力，往往不足取焉。

（五）词寡者，治事必能坚忍，坚忍则事易成。词多者，治事每涉浮躁，浮躁则事易败。

（六）为学治事，皆不宜乎多言，此就狭义言之也。若就广义言之，则吾人处于斯世，随时随事皆当谨慎出言，始足以立身于社会。否则言多必失，后患随之。即使措辞辩给，终难免为人憎恶也。

（七）凡人言语既多，往往不经意而出之。然不经意之言，有贻③悔者矣，有结怨者矣。与其贻悔于后，结怨于人，何如简寡之为

---

① 言不顾行：说话与行事不相符合。
② 偾(fèn)：败坏，坏事。
③ 贻(yí)：遗留，留下。

愈乎?

备考

〔汲黯〕汉人,字长孺,历仕汉景帝、武帝两朝。以严见惮,武帝称为社稷之臣。　　〔曾国藩〕湖南湘乡人,字伯涵,号涤生。前清太平之役,战功甚著,复平定东西捻,封毅勇侯,殁谥文正。　　〔盘根〕谓事之纠葛,如树根之盘结也。　　〔错节〕谓事之复杂,如木节之错杂也。　　〔艰贞〕坚忍不变之谓。　　〔缜密〕细致而周密也。　　〔明敏〕明白而敏捷也。　　〔克〕能也。　　〔缺乏〕稀少也。　　〔吉人〕谓有德之人。　　〔躁〕浮躁也。　　〔御〕拒也。　　〔给〕辩给也。　　〔憎〕恶也。

第五课　存诚一

要旨

本课使学生知存诚之学,首宜戒除妄语,以端其诚实之始基。

本文

司马光幼时偶弄青胡桃,女兄①欲为脱其皮,不得。女兄去。一婢以汤脱之。女兄复来,问脱胡桃者。光曰:"自脱也。"其父适见之,呵曰:"小子何得谩语!"光自是不敢谩语。刘安世见司马光,问尽心行己之要,可以终身行之者。光曰:"其诚乎?"问行之何先?曰:"自不妄语始。"

教授要义

(一)人当幼时,最喜炫己之长。因炫己之长,遂不免掠美焉,作伪焉。习之既久,诚意灭矣。然掠美也,作伪也,必自谩语始。故

① 女兄:姐姐。

司马光之父,禁光之不得谩语也。

（二）谩语之病,幼年人最易犯之。乃司马光一闻其父之训,立即悛①改,终身不敢再犯,可谓能恪遵庭训②,勇于改过者矣。诸生当师司马光之勿谩语,尤当师其恪遵庭训,勇于改过也。

（三）正心必先诚意,故尽心之要在存诚；行道贵乎务实,故行己之要在存诚。终身行之,自收进德修业之效矣。

（四）妄言为诈伪之基,然犯之甚易。或出于无心,或借以应变。而不肖者且借言语为遂非文过③之具,败德孰甚焉？故司马光以不妄语为力行之先也。

备考

〔司马光〕字君实,陕州夏县人,为宋朝名相,又为名儒。尝曰："吾无过人处,但生平所为,未尝不可告人耳。"卒封温国公,谥文正。〔胡桃〕又名核桃,其实青色,中包坚核,核中有仁,可以为食品。〔呵〕斥也。　　〔谩语〕诳言也。　　〔刘安世〕字器之,宋元城人。历官台谏,论事刚直。卒谥忠定,号元城先生。　　〔妄语〕欺妄之语也。

---

① 悛(quān)：悔改,改过。
② 庭训：父教,也泛指家教。
③ 遂非文过：成遂错误,掩饰过失。

第六课　存诚二

要旨

本课言至诚感人之理,使学生知存诚之益。

本文

　　程明道生平与人交无隐情,虽童仆必待以至诚,故人亦不忍欺。尝自澶渊遣奴持金诣京师购用物,计金之数可当二百千,奴无父母妻子。同列①闻之,莫不骇且笑。既奴持物如期而归,众始叹服。其至诚感人,而人以诚相报之也如此。

教授要义

　　(一) 交友以信义为重,而能维持此信义者,要惟诚实而已。明道先生事事崇实,故生平交友无隐情。

　　(二) 常人对待僮仆,每易忽略。盖以谓奴辈乃受我驱遣者,何

①　同列:即同僚。

敢与我计诚伪？不知僮仆之佣于我，特迫于衣食耳，非不辩诚伪者也。我苟以至诚待之，彼岂有不知感激者乎？

（三）诚实之人，无机械心。故其用人也，必不疑人之作伪，而为其所感者，自不忍以诈伪报之。明道托重金于奴，购物于远道，绝不之疑，非疏忽也，至诚之用心若是也。

（四）挟重金以赴远道，既无家室之顾恋，即难保无吞资他逸之行为。故同列对于明道此举，不能无骇，不能不笑。

（五）奴购物而归，不负主人之托，在明道视之，固无足异。盖遣出之际，豫料奴之必无他意也。至先时所骇笑之众人，则以为事出意外矣，故不得不叹服。

（六）语曰："精诚所感，金石为开。"言至诚可以格物也。物犹可格，而况于人乎？诸生苟能学明道之至诚待人，则人亦将以诚实报诸生矣。

备考

〔程明道〕名颢，字伯淳，河南洛阳人，为宋时大儒，世称明道先生。　〔生平〕终身也。　〔隐情〕隐秘不可告人之事。〔欺〕诈骗也。　〔澶渊〕湖泽名，亦曰繁渊。隋置县，在今直隶濮阳①县西。　〔骇〕惊动貌。　〔叹服〕赞叹而信服也。

---

① 直隶：旧省名，区域约同于今河北省。濮阳，今属河南省。

第七课　克己

要旨

本课言克己之道,使学生知反身自治,并锻炼其涵养之功。

本文

王述少时性急。尝食鸡卵,以箸刺之不得,大怒,掷卵于地,卵旋转不止,以足踏之又不得,忿甚,拾而纳诸口中,啮破吐之。及跻高位,每以柔自克。有谢奕者,性粗暴,偶忿述,当众痛詈之,述无所应,面壁而已。奕去,始复坐,人皆以为难。孔子曰:"躬自厚而薄责于人,则远怨矣。"孟子曰:"行有不得者,皆反求诸己。"世之赋性褊急者,岂三复斯言。

教授要义

(一) 性急之人,最易迁怒。以箸刺鸡卵而不得,即掷之于地,是迁怒也。踏之不得,拾而纳之口中,可以止矣,乃复啮破吐之,其躁率之性,忿激之概,一何烈也。虽然,世人之类是举动者,实繁有徒①。盖当忿激之时,血气用事,举措遂不知不觉而失常度。惟能克己者,始不为血气所用耳。

（二）凡居高位者,易以意气凌人,而犯众招尤,未始不因是而贻后患。王述既跻高位,能以柔自克,非特可以风世,亦远祸之道也。

（三）遇粗暴之人詈己于稠人广众之间,强者必愤然与争,懦者亦必勃然变色矣。乃王述之对待谢奕,竟听其当众痛詈,面壁不应。直至奕詈毕而去,始复其坐。其涵养之深,克己之功,诚有过人者矣。宜乎人皆以为难也。

（四）昔以性急而迁怒于物,今遇横逆而反求诸身。一人之所为,前后何若两人焉？即任性与克己之别耳。而由前之道行之,足以败德,足以丧身。由后之道行之,足以道德,足以免祸。一转移间,祸福随之。人顾可不自省哉！

（五）厚于责己,则身益修。薄于责人,则人易为善。人与己均入于善,则怨无自而生矣。

（六）横逆之来,必有其因。若无端而加我以横逆,我但问心无愧,即不足与之较矣。事事如此,斯成克己之功。

备考

〔王述〕字怀祖,晋阳②人。晋哀帝时为尚书令。　　〔掷〕抛弃也。　　〔跻〕登也。　　〔柔〕逊顺也。　　〔詈〕骂也。〔褊急〕量小而性急也。　　〔岂〕何不也。

---

① 实繁有徒：实在有不少这样的人。
② 晋阳：古县名,今山西太原市辖内。

第八课　强毅

要旨

本课言宗世林、晏敦复之气节，使学生知强毅之可贵。

本文

宗世林薄曹操为人，不与之交。及操总朝政，从容问曰："可以交未？"答曰："松柏之性犹存。"晏敦复初为左司谏①，两月间论驳凡二十四事，举朝惮之。秦桧使人致意曰："公能委曲，要路旦夕可致。"敦复曰："姜桂之性，老而愈辣。吾岂能为身计误国耶？"

教授要义

（一）守正不阿之谓强，果敢能断之谓毅。人能强毅，则不惧权势，不贪利禄，而其亮节高风，不特足以正人心，挽颓俗，且足垂典型于后世焉。

---

①　司谏：宋官职，有左、右司谏。掌讽谕规谏，凡朝廷阙失，或廷诤，或论奏。

（二）曹操为汉室之权臣，有篡位之志，故宗世林薄其为人。

（三）松柏历岁寒经霜雪而不凋，犹强毅之人为威势所迫，不变其操。故宗世林引以为喻。

（四）权臣当国，忤①其意者辄被祸。秦桧，权臣也。当时独揽大政，举朝之人，承其意旨者多矣。晏敦复以一左司谏，于两月之间，论驳至二十四事，其强毅为何如乎？

（五）为威力所胁者，不得为强毅。为爵禄所饵者，亦不得为强毅。晏敦复以论驳朝政，为权奸所慑，已可敬矣。及权奸饵之以要路，仍不为所动，且以"姜桂之性，老而愈辣"对，其轻身爱国之忱，诚足当"强毅"二字而无愧矣。

（六）近世人心浮动，能守正不阿，始终持之以毅力者，曾不多觏。此风俗之所以日趋浇薄②也。学生苟知爱惜名节，爱惜国家，即当以宗世林与晏敦复之强毅是则也。

备考

〔宗世林〕后汉时人。　〔薄〕轻之也。　〔曹操〕后汉时之权臣，封魏王。子丕篡汉为魏文帝，追尊操为武帝。　〔晏敦复〕字景初，宋时临川人。　〔秦桧〕宋高宗时之权臣，营私植党，谗害忠良。时宋金方构兵，桧独主和议，反对之者辄被祸。〔驳〕论列是非，指其不合事理之谓。　〔委曲〕柔顺也。　〔要路〕要位也。

---

① 忤（wǔ）：违逆，抵触。
② 浇薄：指人情刻薄或社会风气不淳厚。

第九课　勤学

要旨

本课言古人为学之刻苦,使学生知努力向学。

本文

胡铨见杨时,时举两肘示之曰:"吾此肘不离案三十年,然后于道有进。"张九成谪横浦,寓①城西宝界寺。寝室有短窗,每日黎明,辄抱书立窗下就明而读,如是者十四年。及北归,窗下石上足迹隐然。古人为学勤勉专一若此,凡我青年可以鉴矣。

教授要义

(一)学业之精不精,视修业之勤惰以为断,而智愚不与存焉。

(二)杨时为宋朝大儒,求学之士,往往不远数千里从之。而其所以能负此盛名具此学识者,不外乎勤勉专一而已。伏案三十年始

---

① 寓:寄居,也泛指居住。

进于道之言,系以己之经验告胡铨,使铨有所效法也。

(三)勤学之人,不论境遇之拂逆,居处之卑陋,但知致力于学而已。故张九成虽被远谪,力学如故。

(四)方今学校规则,上课休息,皆有定时。而七日一休沐,尤为古时之所无。盖恐儿童用心过度,于身体之发育有碍也。然若贪于逸乐,则于身体之发育亦有关碍。且所受之学业,不时加温习,必不能有进步。若杨时之肘,三十年不离案。张九成之抱书立窗下,就明而读,十四年如一日。如此刻苦,诸生必觉其难,然诸生苟能将每日所受之业,勤加温习,勿贪游戏,则虽不能及此二人,而学业之进步,有不期然而然者矣。

备考

〔胡铨〕字邦衡,庐陵①人。宋高宗朝曾上书劾秦桧。晚号澹庵老人。　　〔杨时〕字中立,南剑将乐②人。程颢、程颐之弟子,亦宋时之大儒也。学者称为龟山先生。　　〔肘〕手腕动脉处也。〔案〕书桌也。　　〔张九成〕字子韶,少曾从学于杨时,亦为当时名儒。时宋方受侮于金,彼此构兵,奸臣秦桧主和议,九成反对之。桧进谗于高宗,遂被谪。　　〔横浦〕地名,在今江西大庚县南。〔黎明〕天微明之时也。　　〔鉴〕取法也。

---

① 庐陵:旧县名,南宋吉州治所,今属江西吉安市。
② 南剑将乐:即南剑州将乐县,今属福建省三明市。

第十课　惜阴

要旨

本课言时间之可贵，使学生知珍惜光阴，以去其懈怠之念。

本文

古人有言："寸寸积阴，日以当两；分分积阴，日以当月。"此言爱惜时间者，一日抵人两日，或且抵人一月也。晋陶侃为荆州刺史，公务甚繁。侃亲理之，不肯少暇。尝语人曰："大禹圣人，乃惜寸阴。至于众人，当惜分阴。"夫光阴，有限者也；学业，无涯者也。以有限之光阴，治无涯之学业，旦旦而求之，昔昔而思之，吾犹惧其勿及焉。时乎，时乎，不再来！乌可优游送日而自暴自弃乎？

格言：人生最系恋者过去，最希望者未来，最悠忽①者现在。

---

① 悠忽：悠闲懒散，多指虚耗时光。

教授要义

（一）世界上行之最快者，厥惟光阴。若不知爱惜，则悠悠忽忽，百年犹转瞬耳。此古人所以有"寸寸积阴，日以当两；分分积阴，日以当月"之言。以勉人爱惜光阴也。

（二）服官而不亲公务，每易贻误要公。故陶侃虽处繁剧①之任，必亲理公务，不敢少暇也。

（三）大禹治洪水，十三年于外，三过其门而不入。一寸光阴，不敢不惜，卒平水土而有天下。

（四）圣人之所以为圣，在不肯以众人自待耳。故我辈众人，皆当取法圣贤，益加勤勉。虽一分光阴，亦当珍惜也。

（五）人生世上，上寿不过百年，是光阴之有限也。世界进化，科学随之而精进，故学业前途，千变万化，不可名状，是学业之无涯也。

（六）积秒成分，积分成时，积时成日，积日成月，积月成年，故百年岁月，亦由分秒相积而成。若以分秒之时间为短促，优游以送之，积久增多，不啻②虚度年华矣。虚度年华，即自暴自弃也。

（七）本课格言谓人之习性，于过去之事，每多系恋；于未来之事，先存希望；而现在之所为，独忽略视之。不知现在即过去时之希望时期，亦为未来时之系恋时期，万万不可悠忽过之也。

---

① 繁剧：事务烦重。
② 不啻(chì)：如同。

备考

〔积〕聚也。　〔阴〕影也。俗称时间为光阴,殆指日影移动而言。　〔陶侃〕字士行,晋时名臣。　〔暇〕闲也。　〔大禹〕夏后氏,平洪水有功,继虞舜为天子。　〔限〕限止也。　〔涯〕穷尽也。　〔旦旦〕朝朝也。　〔昔昔〕夕夕也。　〔乌〕何也,安也。

第十一课　安贫

要旨

本课述安贫之故事,使学生知处贫之道。

本文

范仲淹读书南都①,断齑划粥②,清苦殊甚。有留守子见之,归告其父,以公厨食馈,仲淹固辞勿获。既而悉皆败矣,留守子曰:"大人闻君清苦,故馈以食物,而不下箸,得非以相浼为罪乎?"仲淹谢曰:"非不感厚意,但食粥安之已久。今遽享盛馔,后日安能啖此粥乎?"石介读书南都,侍郎王济闵其穷约,偶因宴客,遗以盘飧。介却之不受,曰:"今日固好,明日如何?"

格言:咬得菜根,则百事可做。

---

① 南都:即当时的临安,今杭州。
② 断齑(jī)划粥:断,切断;齑,干菜或腌菜之类;划,以刀划分。将粥冷却后,以刀划之,分餐而食。

教授要义

（一）有志之士，不患处境之艰难，而患学之不能精；不患衣食之菲恶，而患业之不能成。故范仲淹断齑画粥，不以为苦也。

（二）留守子生于宦家，饱饫烹宰，见仲淹清苦殊甚，归告于父，而馈以食物，不特恤贫，亦所以重仲淹也。

（三）常人当贫乏之时，饮食恶劣之际，有馈以盛馔而不受者乎？有他人固赠以盛馔，不肯下箸，听其腐败者乎？无有也。而仲淹竟若是。此留守子所以异之，而以相浼①为问也。

（四）辛勤励学，齑粥自有余甘；口腹是求，珍错②犹难下咽。仲淹惟专志于道德文章，故无暇为饮食计也。

（五）穷约而能好学，不徒为人所闵，亦且为人所敬。此王济所以遗石介以盘飨也。

（六）石介却盘飨而不受，与范仲淹辞留守公厨之馈，同一用意，其措辞亦复相类。

（七）本课格言，谓人苟能安贫耐苦，则无论若何之艰难事业，皆能耐心为之。故曰：咬得菜根，则百事可做。

备考

〔范仲淹〕字希文，宋之名臣，吴县人。官至枢密使。卒谥文正，追封楚国公。　　〔齑〕干菜也。　　〔留守〕官名。　　〔箸〕筷也。

---

① 相浼(měi)：相污，意谓玷污了清操。
② 珍错：珍异食品。

〔涴〕污也。　〔盛馔〕美肴也。　〔啖〕食也。　〔石介〕字守道,与仲淹同时,兖州人。官至太子中允,号徂徕先生。　〔闵〕怜也。〔飧〕熟食也。

第十二课　俭约

要旨

本课使学生知崇俭之道,以戒除其好奢之观念。

本文

司马光曰:"吾家本寒族,世以清白相承。吾性不喜华靡。自为乳儿时,长者加以金银华靡之服,辄羞赧弃去之。平生衣取蔽寒,食取充腹,亦不敢服垢敝以求矫俗干名,但顺吾性而已。"范纯仁之子正平,勤苦好学,俭朴如贫士。尝与外家子弟结课于觉林寺,寺去城二十里,正平但以败①扇障日,徒步往来,人不知其为宰相之子也。

格言:由俭入奢易,由奢入俭难。

教授要义

(一)贫寒之家,能以清白相承者,所在多有。而其性不喜华靡

---

① 败:破旧。

者,则不数觏焉。于以见司马光之异乎常人矣。

（二）以金银华靡之服,加于乳儿之身,世俗之习惯,亦儿童之所喜悦者也。司马光幼时,独羞赧而弃去之,诚俭约出于天性,非寻常乳儿所能及矣。

（三）布衣疏食,足御饥寒,锦绣膏粱,不过饱暖,而奢俭自此分矣。然或以崇俭而服垢敝,是矫俗干名也。故司马光不取。

（四）宦家子弟,贪逸好奢者居多数。范正平独勤苦好学,俭朴如贫士,可以师矣。

（五）父为达官,其子有不乘车策马者乎？乃正平承祖若父崇俭之教,徒步往来于距城二十里之地,但以败扇障日,一洗贵家子弟奢侈之风,故人不知其为宰相子。

（六）今日社会之情状,较之古时奢靡极矣。国贫民困,良有以也。吾愿诸生师司马光、范正平俭约之风,以之自励,更愿诸生以改良社会奢侈之习惯为己任也。

（七）本课格言,谓社会趋向,恒喜奢而恶俭。故处于俭约地位,入于奢侈者易；习于奢侈风尚,改为俭约者甚难。

备考

〔司马光〕见第五课。　〔寒族〕微贱之族也。　〔清白〕谓不为暧昧犯法之事。　〔华靡〕奢侈也。　〔乳儿〕幼小食乳之儿也。　〔羞赧〕羞愧而面赤也。　〔垢敝〕污秽而破坏也。〔矫〕欺诈也。　〔干〕求也。　〔范纯仁〕范仲淹之子,字尧夫。哲宗时累官尚书仆射、中书侍郎,卒谥忠宣。　〔正平〕纯仁子,官开封尉任。　〔障〕遮也。　〔徒步〕步行也。

第十三课　戒苟得

本课使学生知见得思义之旨，以养其廉德。

本文

　　曾子衣敝裘耕于野，鲁君使人往致邑焉，曰："请以此易裘。"曾子不受。使者曰："不求自献，何为不受？"曾子曰："参闻受人者畏人，与人者骄人。子即不我骄，我能无畏乎？"许衡暑中过河南，渴甚，道旁有梨，众争取啖之。衡独危坐树下不顾。或问之，衡曰："非其有而取之，不可也。"或曰："世乱，梨无主。"曰："梨无主，吾心独无主乎？"

　　格言：见得思义。

教授要义

　　（一）凡财物之来，不顾义理而取之，谓之苟得。人存苟得之心，则利之所在，取之若骛。彼竞此争，各不相让。于是损失名誉者有焉，不顾廉耻者有焉，而道德之堕落，遂不可问矣。

（二）鲁君使人致邑于曾子，敬贤也。易裘之说，鲁君之谦辞。

（三）以一贫士而骤得一邑之地，非特可以易新裘，且可致富矣。而曾子不受者，义不苟取也。

（四）使者不知曾子见得思义之意及廉介之节，但以俗情而论，故曰："不求自献，何为不受？"

（五）畏人骄人之言，曾子之托辞，亦即就俗情以答使者也。实则曾子不欲得意外之富贵以伤廉耳。

（六）廉介之士，虽在存亡危急之秋，一介不肯苟取。此许衡所以宁渴不取道旁之梨也。

（七）或人之意，以谓世乱民散，梨既失其主人矣。偶取啖之，似不得谓为伤廉。不知乱世无主之物甚多，梨无主而取之，则推此心也，凡物之无主者，何一不可取哉？

（八）贪婪廉介，随吾心为转移。心苟无主，则患得患失，营营苟苟，无不为矣。

（九）本课格言，谓人凡有所得，必先思合义与否。义，然后取，斯不伤廉。故曰：见得思义。

备考

〔曾子〕鲁人，孔子弟子。名参，字子舆。　　〔畏〕惧也。〔骄〕倨傲也。　　〔许衡〕字平仲，元时河内①人。世祖初召为京兆提学，及即皇帝位，欲重用之，未果而卒。赠司徒，谥文正。衡尝

---

①　河内：旧地名，在今河南省焦作市。

自署其斋曰鲁斋,故世人亦称为鲁斋先生。　　〔危坐〕正身而坐也。　　〔顾〕视也。　　〔主〕梨无主之主,谓主人也。心独无主之主,当作主意解。

第十四课　有恒

本课言有恒之益,使学生知所遵循。

本文

荀子曰:"学不可以已。不积跬步,无以至千里;不积小流,无以成江河。"又曰:"锲而舍之,朽木不折;锲而不舍,金石可镂。"夫金石与朽木,坚脆至殊绝矣。顾或锲而镂之,或锲之而不折,岂以锲之之术不同而程效适相反欤? 无他,一无恒,一有恒耳。吕本中曰:"今日记一事,明日记一事,久则自然贯穿。今日辨一理,明日辨一理,久则自然浃洽。今日行一难事,明日行一难事,久则自然坚固。久自得之,有恒之效也。"

教授要义

(一)积跬步而至千里,积小流而成江河。所谓积少成多也。

为学亦然。必远绍旁搜,孜孜不倦,始有成迹①之可言。

(二)或作或辍,中道而废。曾是以为学,虽智者难期进益。焚膏继晷②,兀兀穷年,博闻强记,自视欿③然,则虽至鲁钝,亦有豁然贯通之日。此所谓"锲而舍之,朽木不折;锲而不舍,金石可镂"也。

(三)人而无恒,则一事不可为,岂特为学无进步哉?

(四)事之不易贯穿者,逐渐而记之;理之不易明析者,逐渐而辨之;事之艰难不易行者,勉强而行之。进行惟恐不及,一得不敢自封。久而久之,自能穷源竟委,融会贯通矣。是即有恒之效也。

备考

〔荀子〕名卿,字况。战国时赵人,仕楚为兰陵令。著书曰《荀子》。 〔跬步〕一举足曰跬,两举足曰步。 〔锲〕刻也。〔舍〕释也。 〔镂〕雕刻也。 〔脆〕软而易折也。 〔吕本中〕字居仁,宋时河南④人。撰有《宋论》四十篇,及《师友渊源录》《春秋解》等书。 〔贯穿〕通晓也。 〔浃洽〕融和也。

---

① 迹:通"绩",功业,成果。
② 焚膏继晷:膏,油脂,指灯烛;晷,光阴,时间。犹言夜以继日。
③ 欿(kǎn):有所不足,不自满。
④ 河南:在今河南省洛阳市。

第十五课　卫生

要旨

本课述卫生之法,使学生知爱护其身体,以养成健全之精神。

本文

国势之强弱,视乎民体之强弱。故文明国之国民,莫不注意卫生。洁衣服,慎饮食,常受日光,时换空气,动息以时,沐浴必勤,少睡眠,节嗜欲①,凡兹数端,皆讲卫生者所当注意也。呜呼! 病夫,病夫,贻笑于外人久矣。我国民欲雪斯耻以图自强,则卫生诚急务焉。

教授要义

(一)民体强健,则民智亦从之而发达。民智发达,斯国势日趋于强盛。故曰国势之强弱,视乎民体之强弱。

---

① 　嗜欲:嗜好、欲望。多指贪图身体感官上的享受欲望。

（二）注意卫生,则精神健全,身弱者将转而为强。不注意卫生,则疾病丛生,体强者且变而为弱。故文明国之国民,莫不注意卫生。

（三）衣服饮食,所以养生,然不洁不慎,即足以致病。故讲卫生者,不可不注意也。

（四）日光足,可以杀微生物。空气洁,则呼吸后使血液新鲜。动息以时,则无过劳过逸之弊。沐浴既勤,则除去污垢,排泄清畅。睡眠足,则思虑因之明爽。节嗜欲,则精神自觉健全。故讲卫生者,皆当注意于此。

（五）外人见我国民体之弱也,民智之窒①也,故讥我国为病夫国。我国民欲雪斯耻,惟有急讲卫生以图自强耳。

备考

〔卫生〕谓保卫生命之行为也。　〔空气〕空中之气压也。〔动〕运动也。　〔息〕休息也。　〔沐浴〕洗头曰沐,澡身曰浴。　〔端〕绪也。　〔雪〕洗也。　〔图〕谋也。

---

① 窒:阻塞不通。

第二册

第一学年第二学期

第一课　孝亲一

要旨

本课使学生知身之所由生，及亲之当孝。

本文

《孝经》云："天地之性，人为贵。人之行，莫大于孝。"朱子少年读《孝经》，题其上曰："不若是，非人也。"人自孩提以至成人，寒暖、调护、饮食、教诲，父母之爱我，即父母之生我也。故父母为人所生之本，若不思此身所自来，而不能孝其父母，是自忘其所生矣。

格言：百行孝为先。

教授要义

（一）天地之间，即为世界。生于世界者，不独人类。而人为最贵者，以人之知觉运动，迥非他生物可比，而聪明才智，又远出乎他生物之上也。

（二）人之一身，必有所本。父母为吾身之所由生，是父母即吾身之本也。人无父母，便无此身也。

（三）人有此身，人不能自生活也。自襁褓之中，至能言语，能饮食，能行走，以至入学读书。历年来长养而教诲之者，皆父母之爱我也。父母之爱我，皆父母之生活我也。父兮生我，母兮鞠①我，父母之于子，可谓恩德备至矣。

（四）父母之于我，恩德既如此，则我之于父母，必当思所以报答之。承亲之欢，顺亲之志，勤学向上。不使父母，有所不快，皆所以报我父母也，即所谓孝也。若仅以饮食奉养，抑末也。

（五）反是以观，则不能勤学，即不能承亲之欢，顺亲之志，是忘其身之所由生，而自失其根本矣。无本之水易于涸②，无本之木易于拔。人而失其根本，与禽兽奚择③哉？

（六）朱子，宋之大儒也。少年读《孝经》而题其上曰："不若是，非人也。"言人之必当孝其父母。人与非人之别，所争者孝与不孝而已。

（七）本课格言曰：百行孝为先。言能孝其父母，即为百行之首也。

备考

〔朱子〕宋之大儒，名熹，字元晦。徽州婺源人。历官焕章阁待制，谥文，追封徽国公。　〔《孝经》〕经书名。　〔孩提〕孩童之时，需人提抱，故曰孩提。　〔成人〕成年之人也。　〔寒暖〕冷热也。　〔调护〕调养而护持之也。　〔饮食〕与之饮食也。〔教诲〕教导而训诲之也。

---

① 鞠：养育，抚养。
② 涸（hé）：水干，枯竭。
③ 奚择：犹言何异。择，区别。

第二课　孝亲二

要旨

本课示学生以事亲之模范。

本文

夏昞，石工也。目不知书，志行纯孝。冬月，侍父同寝，必先温衾褥。母病，侍汤药，不离左右，衣不解带者三年。母尝思食荔枝，家在城外，雪夜，越城叩市，苦求以奉。昞子有小过，为弟殴死，恐伤母志，含泪不言。夫父子，天性也，至子为弟所殴死，以恐伤母志而不言，则人所难能矣。得之于目不知书之石工，可敬哉！

格言：先意承志。

教授要义

（一）孝养父母，有养口体与养志之别。昔者曾子养曾晳必有酒肉。将彻，必请所与。问有余，必曰有。曾元养曾子，必有酒肉。将彻，不请所与。问有余，曰无矣。孟子谓曾元仅能养口体，而曾子为能养志。所谓养志者,先意承志,不使吾亲有难言之隐也。若夏旸者,亦近之矣。

(二)夏旸之事亲,恐衾褥之寒也,先温之以驱寒。恐母病之时有所需也,顷刻不敢离左右,三年不敢解衣而卧。盖如解衣而卧,则母有所需,不能即时应命也。越城叩市以求荔枝,不待天明前往者,恐稍迟即拂母之意也。

(三)若夏旸之事亲,诚可谓之孝,诚可谓之养志。然人有天性,亦或能之。若己所生之子,则己所最爱也,以小过为弟殴死而不言,恐母以痛孙而心伤,且因痛孙而责弟,是以一子而伤亲心,并伤兄弟之情矣。故始终隐忍,其情弥曲,其心弥挚矣。

(四)夏旸,一石工也,其孝亲且如此。则吾人之读书明理者,更非目不知书之石工可比也。愿诸生勉之效之,毋以夏旸为不可及,而使亲心稍有不愉也。

(五)本课格言谓人子之孝养父母,皆当先父母之意而承顺其志,故曰先意承志。

备考

〔纯孝〕孝行纯笃,无一毫虚假也。　〔衾褥〕被褥也。〔衣不解带〕不解其所束之带也。　〔荔枝〕木名,产于闽广,实之外皮,有龟甲纹,肉色白,味甘多汁。　〔越城叩市〕时在昏夜,越城垣而叩市肆之门也。　〔殴〕以杖击也。

第三课　孝友

要旨

本课由父母而及于兄弟,使学生知爱兄弟即所以孝父母。

本文

元颜文瑞性孝友,自幼,晨昏定省无间。年十三,即任家事以慰父。及长,窥亲意爱弟,悉以田房让之,不取尺椽寸土。娶杨氏女为室,事翁姑益孝,有余必请亲膳,毕,方敢就食。尝以银钱隐投亲笥,随亲所喜而与之。凡米盐之入,必先及弟,以悦亲心,四五十年恒如一日。

格言:孝乎! 惟孝友于兄弟。

教授要义

(一)兄弟为五伦之一。先我而生者曰兄,后我而生者曰弟,皆吾父母所生也。世未有不孝其父母而能爱其兄弟者,亦未有不爱其兄弟而能孝其父母者。

（二）就兄弟论，自我视之虽非一人，而同为父母所生，在父母视之实一人也。故孝父母者必爱兄弟。

（三）颜文瑞自儿童时，即知孝其父母，问安视膳，早晚无间。恐父以家事劳心，又代父任家事以慰之。所谓家事者，如支持门户，料量米盐，里邻时节之馈遗，戚族昏丧之庆吊等皆是。若父而劳形于此，则颐养之时少矣。文瑞之引为己任者，不欲使亲心少有不安也。

（四）家中田园房产，凡父母之所有，皆兄弟之所共有。为父母者爱怜少子，虽属恒情，而显分厚薄，又多不忍出诸口。文瑞潜体默察，悉以家中田房与弟，助弟之自立，即所以承亲之志也。且破除倚赖，斯自立之志益坚。一举而三善备矣。

（五）世俗兄弟，娶妇后遂多争竞，闺房之言，惑人最甚。文瑞之妻，不独相处无嫌，且能益尽孝道，使亲心无少间忤。盖由妇之贤，然亦文瑞以身作则有以化之也。《诗》曰"刑于寡妻"，文瑞有之矣。

（六）本课格言谓：惟孝其父母者，斯能友于兄弟。

备考

〔晨昏定省〕定，安之也；省，问候也。《礼记》："昏定晨省。"〔无间〕永久不间断也。　〔家事〕家中之事也。　〔田房〕田地、房屋也。　〔室〕谓妇也，男以女为室。　〔筥〕萑苇器也，或以竹为之。圆者曰筐，方者曰筥。

第四课　友爱一

要旨

本课承前课说明兄弟当互相友爱之道。

本文

兄弟者,同为父母所生,分形连气之人也。方其幼也,追随于父母之旁,食同案,游同方,相亲相爱,根于自然。及其长也,或因争产,或信妇言。人事乘之,天性斯薄矣。兄弟之真相亲爱者,兄友弟恭,各尽其道。勤劳相助,饮食相让,喜乐相共,悲戚相慰。善相劝,过相规。如影之随形,声之应响焉。

格言:兄弟是天然的朋友。

教授要义

(一)古人孝友并称,盖以兄弟皆亲之所爱,若为阋墙①,则亲心

---

① 　阋(xì)墙:兄弟不和睦,也比喻内部不和。

不安。故孝亲者必当友于兄弟。此课更承前课说明之。

（二）身也者，亲之枝也。兄弟者，皆吾亲之枝而同出于一本也。孩童之时，父母左提右挈，前抱后负。饮食同，游处同，入学读书同。相亲相爱，无丝毫外来之观念参杂其间，此天性之真也。

（三）迨其长也，性情之间，或宽或急，或刚或懦。或喜动，或好静。或习于勤俭，或流于奢侈。兄弟之性不能相合，则不和起矣。又或以父有遗产，较量锱铢，怨分析之不均，金钱之谊重，则兄弟之谊疏矣。不知人果有志，即无尺寸之凭借，亦可自立，于遗资乎何有？若性情少有不合，亦宜原心略迹，无事强同。《语》曰"识性可与同居"，正谓此也。

（四）人能得一德一心之兄弟，人生之幸，门庭之瑞也。诸生于兄弟而有忿争也，试一回念父母生我之时，及童年相爱之状态，则忿气自平矣。

（五）格言有之：兄弟是天然的朋友。言朋友之结合以人，而兄弟则天然之结合，无待乎人也。古语云："四海之内皆兄弟。"以人事结合之朋友，当视之如兄弟，则于天然结合之兄弟，其相亲爱更当何如耶？

备考

〔分形连气〕言兄弟之形体各异，而同出于父母，其气相连也。〔案〕桌也。　〔争产〕争所有之财产也。　〔兄友弟恭〕兄爱其弟，弟敬其兄也。　〔规〕以正言规谏也。

第五课　友爱二

要旨

本课历举友爱故事,使学生之有兄弟者知所取法。

本文

汉姜肱与二弟,友爱备至。夜同赴郡,遇盗欲杀之。肱曰:"弟年幼未娶,父母爱之,愿以身赎弟。"弟曰:"兄年德在前,愿受戮全兄。"盗乃劫其衣服而去。既抵郡,郡人见肱无衣服问故,肱终不言。盗闻感悔,诣肱谢还所掠物。汉赵孝、赵礼相友爱。岁饥,贼掠孝将食之,礼曰:"兄病且瘠不堪食,我体肥愿代。"孝曰:"我固当死,汝何罪?"兄弟大哭,贼感动并释之。

格言:世间最难得者,兄弟。

教授要义

(一)前课所论为平时之友爱,然处常者未必能处变。试更语诸生以姜肱及赵孝、赵礼之事。

（二）姜肱与弟同行，遇盗，兄弟争死，盗掠肱衣服去，而肱终不言。夫乐生恶死，人之恒情，今肱兄弟不争生而争死，诚难能矣。盗掠肱衣服去，而肱复不言。盖不欲以此暴己之长也，盗之为其感化也固宜。

（三）赵孝、赵礼之事，与肱相类。何古人之多贤也？

（四）观姜肱兄弟及赵孝、赵礼之事，当油然生友爱之心矣。以救护兄弟，至不惜牺牲自己生命以易之。夫生命非至可宝贵者乎？生命尚可牺牲，何况身外之物。此与颜文瑞事相同。皆诸生所宜效法也。

（五）本课格言曰：最难得者兄弟。谓兄弟之不比他人也，兄弟之谊如手足，手足一断，不能再续。此兄弟之所以难得也。

备考

〔姜肱〕字伯淮，后汉彭城广戚人。弟仲海、季江，皆以孝友著闻。　〔以身赎弟〕以己身代弟之死而赎之也。　〔郡〕旧时之府治也。　〔年德〕年齿德行也。　〔戮〕杀也。　〔劫〕夺也。　〔诣〕至也。　〔掠〕劫夺也。　〔岁饥〕岁不足也。〔赵孝、赵礼〕孝字长平，后汉沛国蕲人，礼其弟也。

第六课　睦族

要旨

本课由父兄而推及宗族，示以敬宗睦族之范。

本文

父母兄弟而外，为伯父、叔父、伯母、叔母，及从兄弟，渐推渐远，则为宗族。其间贫富不齐，贵贱不等，必以恩谊联之。喜相庆，忧相吊。祭祀共诚敬，有无相赒恤。上可以对祖考，下可以式子孙矣。范仲淹曰："吾宗族甚众，于我虽有亲疏，然自吾祖宗视之，均是子孙，岂可独享富贵而不恤宗族乎？"因以所得之俸，均于族人，并置义田云。

格言：以亲九族。

教授要义

（一）家之有父母兄弟，前既言之详矣。其为吾父之兄者曰伯父，为吾父之弟者曰叔父。伯父、叔父之妻曰伯母、叔母，伯父、叔父所生之子,于我亦为兄弟。由此渐推渐远,凡为同姓,皆吾宗族。其与吾父同辈者,皆伯父、叔父也,与吾同辈者,皆兄弟也。自分析之后,遂由渐而疏,顾其初实与吾同一家也。

(二)分析者何?分财析居之谓也。张公艺①之九世同居,郑濂②之二百年不别籍,非有至德,未易则效。故分财析居,遂成为普通习惯。分析以后,人之贤愚不等,致力于生业者不同,一族之中,遂生差异,而贫富贵贱之分起矣。

(三)人之有宗族,犹树之有枝叶。枝叶之生,纵极繁茂,而其初皆出于一本。知此则宗族之喜,皆吾之喜也;宗族之忧,皆吾之忧也。家庙之祭祀,皆吾与同姓所共;同姓之困乏者,皆吾所当伙助③也。凡吾今日之所行,皆吾祖宗所欲行,而子孙所当仿行者,可不慎诸?

(四)范仲淹为宋之名臣,置负郭常稔④之田千亩,号曰义田,以养合族之人。择族中之长而贤者,司其出纳,每人日给米一升,岁给缣一匹,嫁娶丧葬,皆有伙助。其言曰:吾岂可独享富贵。所置义田,即令同族以共享富贵也。

(五)本课格言曰:以亲九族。即亲睦其同族之谓也。

备考

〔宗族〕同姓之族也。　　〔从兄弟〕同祖之兄弟曰从兄弟,其

---

① 张公艺(578—676):山东寿张人,历北齐、北周、隋、唐四代,享年九十九岁。张氏九辈同居,族中九百人,合家团聚,和睦相处。后人传为美谈。

② 郑濂:字仲德,浙江浦江人。其家累世同居,凡数百年。明太祖曾问其治家长久之道。

③ 伙(cì)助:帮助。

④ 负郭常稔(rěn):负,靠着,靠近;郭,城邑;稔,成熟。意即靠近城邑常年丰收的田。

又次者则曰再从、三从。　　〔恩谊〕以庆吊往还联络其情谊也。〔赒恤〕赒，给也，赡也；恤，赈贫乏也。　　〔祖考〕父死曰考，祖父死曰祖考，又通称祖宗曰祖考。　　〔式〕法式也。　　〔义田〕赡其同族之田也。

第七课　亲谊

要旨

本课由家族而推及亲谊，养成儿童亲亲之德性。

本文

胡师苏①曰："古人睦族，非止同宗。父族、母族、妻族皆是，皆与我有亲谊者也。昔晏平仲敝车羸马，而父族无不乘车者，母族无不足于衣食者，妻族无冻馁者。齐国之士，待而举火者三百余人。"先父族，次母族，次妻族，而后及疏且远者，是谓以其所爱及其所不爱也。今人不明此义，故有千金饰其裘马，而视戚族如路人者。呜呼！盍②师晏子？

格言：家富提携亲戚。

---

① 胡师苏：清代学者。
② 盍：何不。

教授要义

（一）第一课至第六课，均言家族主义。家族者，本宗九族及九族以外无服之亲，皆与我同姓者也，所谓同姓之亲也。此外又有异姓之亲而为吾之至亲者，父族、母族、妻族是也，亦曰父党、母党、妻党。

（二）所谓父族者，因我父而与我有亲谊者也，如姑之子女称为姑表兄弟姊妹者是。所谓母族者，因我母而与我有亲谊者也，如外祖父母、母舅、母姨皆是。所谓妻族者，因妻而与我有亲谊者也，如岳父母是。凡此三族，皆亲谊中之至亲者也。惟其至亲，故当兼爱。观于晏平仲之事可知。

（三）晏平仲身为大夫，自奉极俭，车敝马瘠而不顾。节其俸钱，以赡其父母妻三族。其父族无不乘车者，足于衣食，自不待言。母族虽不乘车，而衣食无不丰赡。妻族之于衣食，虽不以丰赡称，而亦无困于冻馁者。平仲之推爱三族如此。

（四）三族同为至亲，何以晏子之待遇各殊？则以父族与吾为同姓，其子女虽属异姓，而亦为吾同姓所出也。母族则因吾母而推及之，虽亲亦异姓也。妻族则素无关系，因吾身而推及之也。由亲及疏，谊固应尔。至若齐国之士，待而举火者三百余人，可见平仲之爱人，又不以亲谊为限矣。孔子曰"泛爱众"，平仲有之矣。

（五）今日富厚之家，一裘马之费，动掷千金；一饮食之需，几费中人之产。而于亲族之疾病患难有所告贷者，辄靳①而不与。甚或

---

① 靳(jìn)：吝惜。

起家贫贱，稍稍富贵，遂于微时①亲族不相往来。偶尔相逢，亦如陌路。若而人者，平仲之罪人也。

（六）本课格言谓富厚之家，当提挈亲戚，使之免于贫困。故曰：家富提携亲戚。

备考

〔晏平仲〕春秋齐大夫，名婴，字平仲。　　〔同宗〕同姓也。〔敝车羸马〕敝，破也；羸，瘠也。　　〔冻馁〕冻饿也。　　〔举火〕以火熟食也。　　〔齐国〕周时国名，武王封太公望于齐，今山东省地。　　〔饰〕装饰也。　　〔裘〕皮衣也。

---

① 　微时：微贱之时，即未贵显时。

第八课　睦邻

要旨

本课使学生知对于乡里，当忍耐以求和睦。

本文

宋南野瑑①为御史，还家。家有牛，蹊柳氏田。柳氏格杀牛，而遣其子弟踵门诟毁，瑑令家人无出与争。柳氏有狂子醉詈良久，跃入水中，瑑使人援出之，易以己衣，迎之上座，谓曰："吾与尔家世好，奈何以小忿隙之。"责牧牛儿，使人送柳氏子归，且谢其父老。其父老大惭。夫柳氏之无礼甚矣，瑑始终忍受，其父老卒为所化。盖深得睦邻之道矣。

教授要义

（一）家屋之旁，必有他人之家屋与之毗连，此即所谓邻里也。

---

① 宋瑑（lì，1417—?）：字克纯，号南野，华亭（今上海市松江区）人，明朝进士，书法家。

亲戚,吾之至亲也。朋友,吾之至好也。然散处四方,相隔较远。若朝夕相见,出入相友。设有寇盗,闻声即集;设有急难,有无可通。与吾最相切近者,莫邻里若也。

(二)南野璪有牛,蹊柳氏田,曲固在璪。柳氏杀牛而又令子弟辱罟,则曲又在柳矣。以璪之势力,不难折而辱之,乃戒不与争。其狂子跃入水中,且援之出而送之归,良以相处至近,若挟忿争罟,相寻不已,则有失睦邻之道。故不惜委曲求全,以情感之,以德化之。人非木石,谁无知觉,其父老之惭而感化固宜也。

(三)人当狂醉之时,有意寻衅。遇之者偶一不忍,则祸且立至。昔有一贫者,醉酒且服毒,至某富者之门辱骂,索还借券。某富者检券与之,送之还家,及家毒发而毙。设其时富者与较,则毒发必在富者之门矣。柳氏子跃入水中,设南野璪听之不救,必溺死。死则柳氏有辞,而南野璪必受其害矣。孔子曰:“小不忍则乱大谋。”南野璪可谓能忍矣。

(四)天下无不可化之人。若我竭诚尽礼以待邻里,而邻里犹以横逆遇我者,必我之情有未至也。君子求诸己,当责己而不必轻于责人也。

备考

〔御史〕官名。　　〔蹊〕径也。《左传》:“牵牛以蹊人之田。”〔格杀〕遮而杀之也。　　〔遣〕使也。　　〔诟毁〕诟骂也,耻辱也,毁誉也。　　〔醉罟〕醉酒骂人也。　　〔跃〕跳也。　　〔援〕牵持之也。　　〔世好〕世相善也。　　〔忿〕恨也,怒也。〔隳〕毁也。　　〔牧牛儿〕牧牛之童也。　　〔谢其父老〕向其父老谢罪也。　　〔惭〕羞愧也。　　〔忍受〕忍而受之也。

第九课　敬师

要旨

本课由家庭及于学校，说明师道之尊，使学生知师长之当敬。

本文

家庭之长为父母，学校之长为师。家庭教育受之于父母，学校教育受之于师。师也者，与父母并尊者也。弟子之于师也，坐则隅，行则随，请业则起，请益则起，奉命承教，必诚必恪，尊师之礼然也。若弟子而不敬其师，则求学之心不坚，而进益必鲜矣。

格言：师道立，则善人多。

教授要义

（一）诸生自孩提之时，以至于今，其在家庭，必父母之命是听。自入学校以后，必师长之命是听。盖在家庭则受父母之教训，在学校即受师之教训也。

（二）所谓师者，以广义言，三人行必有我师。择其善者而从之，可从者即吾师也。以狭义言，即旧时家塾①之先生，今日学校之教师也。

（三）诸生来校读书，皆承父母之命，则师之教育诸生，即受诸生父母之委托。教诸生以人类应具之道德者，师也。授诸生以生业必需之知识技能者，师也。师之责如此其重，则师即为诸生父母担任教育之代理人。奈何不以尊敬父母之道敬师也。

（四）诸生知师之当敬，即应知敬师之礼。侍坐于师，不敢与师抗。从师而行，不敢出于师之前。他若有所问，必起立。有所请，必起立。相见必行礼，相遇必旁立。皆敬师之礼也。

（五）人能敬师，则必爱其师，亲其师，一切以师为法，而求学之心必挚。若意存侮慢，师长偶有责备，则生怨恨。师长偶有失误，则生訾议②。必轻其师而不能笃志求学矣。

（六）人之贤不肖，即学与不学之所由分。求学之诚挚与否，一以能敬师与否为断。能敬其师，则必勉于为善。故本课格言谓：师道立，则善人多也。

备考

〔隅〕方角也。室之角曰室隅。　　〔随〕从于后也。　　〔请业〕问所受之业也。　　〔请益〕以所受之业为未足，请师益进其说也。　　〔诚〕真实也。　　〔恪〕敬也。　　〔鲜〕少也。

---

① 家塾：私塾之一种。聘请教师来家教授自己子弟，谓之家塾。
② 訾议：毁谤非议。

第十课　交友

要旨

本课使学生知交友之益,并示以择交之道。

本文

学问之道贵乎从师,然赖朋友之切磋者甚多。若与贤于己者处,则自以为不足;与不如己者处,则自以为有余。以为不足则日益,以为有余则日损。毋友不如己者,此孔子所以垂训也。与朋友处,贵乎情谊相孚,然亦不可近于狎暱。《记》曰:"君子之交,淡如水。"交友之要旨也。

格言:君子以文会友,以友辅仁。

教授要义

(一)诸生自入校以来,相处有同学。同学而外,相与往还者,尚有邻里之子弟,皆诸生之友也。人之性喜群,故不能无友。

(二)友之言行,事事胜我,可以为我取法者,曰益友。事事不若我,不足以为我取法者,曰损友。所谓益与损者,言友之有益于我,或有损于我耳。

（三）入芝兰之室,久而不闻其香。入鲍鱼之肆①,久而不闻其臭。非芝兰之不香,鲍鱼之不臭也。久与习,则已为其所化也。人固不能无友,而择友尤不可不慎。

（四）友以义合,非酒食游戏相征逐之谓。必也关切如昆弟,砥砺如师生。疾病相邮,患难相救。而其要旨,尤在久而能敬。能敬斯不流于狎暱。方正学②曰:"君子淡如水,岁久情愈真。小人口如蜜,转眼若仇人。"此交友之良箴也。

（五）今既为诸生讲交友之道,又为简单之语以告诸生曰:无教育之儿童不可友,劣品性之儿童不可友。诸生年少,慎勿妄自尊大,而愿与不若己者友也。

（六）孔子曰:"君子以文会友,以友辅仁。"朱注③谓:"讲学以会友,则道益明;取善以辅仁,则德日进。"此数语者,交友之要道,故本课引为格言。

备考

〔切磋〕切,恳到也;磋,磨治也。《诗》云:如切如磋。　　〔情谊〕相交之情谊也。　　〔孚〕信也。　　〔狎暱〕狎,习也,近也;暱与昵同,亲近也。

---

① 鲍鱼之肆:鲍,咸鱼;肆,店铺。卖咸鱼的店,比喻坏人成堆的地方。
② 方正学:即方孝孺(1357—1402),明代大臣,著名学者,文学家。
③ 朱注:即宋代理学家朱熹所著的《论语集注》。

第三册

第一学年第三学期

第一课　爱名誉

要旨

本课使学生知争存于社会,当保全自己之名誉。

本文

名誉者,无形之财产,而第二之生命也。吾人肉体之生活,在财产;精神之生活,在名誉。人之有名誉,犹草木之有芳香也。英英之学子,欲争存于世界,当注意于一身之名誉,勿诒人以肉体生而精神亡之诮也。

格言:君子疾没世而名不称焉。

教授要义

(一)名誉之于人,犹财产之于身,生命之于身也。置田宅,蓄金钱,财产也。具肢体,能言语,能饮食,能运动,生命也。

(二)有财产然后有生命,故财产实所以养人之生命。然财产所养者,仅肉体之生命。若具此肉体而其人不足见重于世,则肉体生而精神亡矣。

（三）名誉者，社会之公论也。公论在社会，而所以致社会之公论，使之无可訾议者在我。我而无可訾议，则人必敬我信我，虽无财产，犹足自立。我而与人以可以訾议，则人必远我毁我，虽有财产，人亦望望然去之矣。至人望望然去之，则信用失而不足齿于人矣。物必先腐而后虫生之，人可不于名誉加意保存乎？

（四）家因富而巨大，人因名誉而光辉。家之富渐次消失，谓之破产。人失其名誉，则无形之财产破矣。家产破则生命危，名誉失则精神亡。故欲保全财产，保全生命，必当保全名誉。

（五）轻举妄动，不知检束。或忌人之才，幸人之过，而破坏他人之名誉者，皆名誉之所由失也。诸生戒之。

（六）本课格言引孔子"疾没世而名不称"之语，言名誉之可贵也。语曰："盖棺论定。人至没世而名不称，则其人之必无名誉可知，故君子疾之。"

备考

〔名誉〕美名也。　〔财产〕银钱田产也。　〔肉体〕血肉之体，即人之肢体也。　〔生活〕保全生命，使存活于世界也。〔英英〕英俊之谓。　〔学子〕就学诸生也。　〔争存〕人欲生存，必出于竞争，故曰争存。　〔诒〕遗传也。　〔诮〕讥谗也。

第二课　守信

要旨

本课使学生知交友之当信。

本文

三国卓恕，还会稽，辞诸葛恪，恪问何日复来，恕言某日。至期，恪为主人，停不饮食，欲以待恕。宾客咸曰："会稽建康，相去千里，道阻江湖，约岂可必？"俄而，恕至。一座尽惊。罗道琮，贞观末徙岭南，同徙一友死于中途，临没泣曰："我独委骨异壤乎？"道琮曰："我若得还，不使君独留瘴路左。"去岁余，遇赦归，觅其尸而还。之二人者，一则不爽约于千里，一则不失信于死友。古人之重然诺，从可见矣。

格言：与朋友交，言而有信。

教授要义

（一）孔子之言曰："人而无信，不知其可。"子夏之言曰："与朋友交,言而有信。"故人与人相处,可以终身行之者,首重一信字。

（二）卓恕还会稽,与诸葛恪约某日复来。在他人必以为虚文之应对,转瞬忘之。乃恕竟如期以至,恪竟停饮食以待。恕之必践言,与恪之深信恕之必践言,均可风①矣。

（三）罗道琮徙岭南,同徙之友死,道琮许以归骨。迨遇赦归,必觅其尸而还。良以一经相许,不可以生死而渝也。

（四）之二人者,诚不失为守信之君子矣。昔范式②与张劭相期拜母,语隔二年,如期而至。吴季子③许徐君以剑,归而徐君死,挂剑于墓,亦事之相类也。

（五）吾人对人之言,首不可涉于欺诳。与人相约,不可不践约,尤不可以生死而殊。对于社会,不可失信。对于一己,不可自欺。失信即自欺也,自欺即有损人格矣。

（六）本课格言之"与朋友交,言而有信"二语,此孔子之言也。言交朋友之不可失信也。当出言之前,自念不能践约,毋宁不言。若一言既出,则无论如何困难,必求不失信而后可。诸生念之。

备考

〔三国〕朝代名。汉室既衰,魏、蜀、吴分有中国,鼎足而三,故曰三国。　　〔卓恕〕三国吴会稽人。　　〔会稽〕地名,今浙江绍

---

① 风:教化,感化人。

② 范式:字巨卿,东汉金乡人。在太学求学时,与汝南张劭为同窗好友。一日返乡,范式与张劭约,二年后拜见张母。到期,范式如约而至。

③ 吴季子:即春秋时吴国公子季札。曾在出使途中见徐国国君,徐君爱季子之佩剑,季子明其心意,然为使臣礼节计,只好等归来时赠与他。然返回时徐君已死,季子挂剑于徐君墓前的树上,以兑现内心之许诺。

兴县。 〔诸葛恪〕三国琅邪①人。仕吴,官至太傅。 〔建康〕
地名,今江苏江宁②县。 〔江湖〕江,长江也,为中国大川;湖,潴
蓄淡水之大泽也。 〔约〕期会也。 〔俄而〕俄顷也。
〔座〕位也。 〔罗道琮〕唐河东③人。仕至太学博士,称名儒。
〔贞观〕唐太宗之年号。 〔徙〕迁也。 〔岭南〕五岭之南,今
广东、广西之地。 〔中途〕途中也。 〔没〕死也。 〔委〕
弃置也。 〔异壤〕异地也。 〔瘗〕埋也。 〔路左〕路旁
也。 〔赦〕宥其罪也。 〔觅〕寻也。 〔尸〕死人躯体也。
〔爽约〕失其所约之期也。 〔死友〕已死之友也。 〔然诺〕
以言许人也。

---

① 琅邪:也作"琅玡""瑯琊",在今山东诸城市一带。
② 江宁:今属南京市。
③ 河东:黄河流经山西省境,自北而南,故称山西省境内黄河以东的地区为河东。

第三课　恤贫

要旨

本课使学生知怜恤贫乏，以引起其慈善之心。

本文

华亭李登瀛①，家贫，仅田二亩。佃户以疾荒其田，鬻子偿租。李知之，恻然曰："尔以病，故不能治田，非尔过也。我虽贫，尚能自存，奈何使尔父子离散乎？亟取租银去，赎尔子归。"其人曰："儿已成卖，虽欲赎，岂我许也？"李曰："我贫人且让尔租，富室大家岂不如我？当为尔言之。"与同往，主人感其义，许之。父子泣拜而去。

格言：哿②矣富人，哀此茕独。

教授要义

（一）人类社会，苦乐不均。其至苦者，贫而无告者也。致贫之

---

① 李登瀛：清代康熙年间儒生。
② 哿（gě）：表称许之意。此格言见《诗经》。

故不一：有处境本富，浪游以至于贫者。如富贵子弟，袭其祖父余荫，骛声色狗马之乐，不务学业，不事生产，家业罄尽，遂至赤贫是也。至若幼失怙恃，本无家产。或经商折阅①，或疾病患难，无可告语。此皆有不得已之原因者也。因疾痛患难以至于贫，人生之至不得已也。其人不自立者，虽贫可不恤；其人之不得已者，我虽贫亦当恤之。

（二）李登瀛之佃户，以疾荒其田，卖子以偿租，即所谓人生之至不得已也。租出于田者也。既佃我田，应偿我租，此偿例也。若以疾而荒其田，虽田无所出，而租亦在所应偿，故李之佃户，卖子以偿也。李知之而还其租银，令赎其子归，让其租，即所以完其父子也。

（三）李让其佃户之租，李亦非富厚之家也。计其所有之田仅仅二亩，让租则无所入矣。乃李不之顾，宜富室之感其义而许其赎子，与佃户父子之泣拜也。

（四）今之富厚之家，田连阡陌，拥有厚资。征租之时，敲骨吸髓，但知计田受租，而于佃户之疾痛患难，绝不之顾者，比比皆是。观李之以贫人而让租，其相去为何如耶？

（五）人能苟免于贫，幸也。人之不免于贫，不幸也。人之幸而能自存者，则于人之不幸而不能自存者，必当知所以恤之。本课格言之"哿矣富人，哀此茕独"，即此意也。

备考

〔华亭〕县名，今江苏松江②县。　　〔佃户〕农夫租他人之田

---

① 折阅：犹言亏本，折本。
② 松江：今属上海市。

而耕之曰佃户。　　〔鬻〕卖也。　　〔偿〕还也。　　〔租〕以物
贷人而取其值也。　　〔恻然〕怆也,痛也。　　〔亟〕急也。
〔哿〕可也。　　〔茕独〕单独无所依也。

第四课　公益

要旨

本课去学生自私自利之心,使知协力以谋公共之利益。

本文

范仲淹曰:"居乡当有利于乡。"言吾人居乡,不可不为有利于乡之事业也。有利之事业,即所谓公益之事业。如设立学校,以教儿童。修治道路,以便行人。蠲除垢秽,以裨卫生。及防疫、防火、救灾、治病诸法皆是,吾人亦沾此利益之一分子也。既沾此利益,则分任地方之事,负担地方之税,皆为对于吾乡应尽之义务。推而至于吾国,亦皆然矣。

教授要义

(一)公益二字,并不以乡里为限,兹先就乡里中所共见者说明之。

(二)吾人处社会中,乡里为最近之一部。学校,儿童读书之所也。道路，人所经行之路也。扫除污秽，免疾病之发生也。其他若慈善之医院，救火之水龙①，施衣施药施赈之善举，皆为公益之事业，而吾人所同享其权利也。

（三）吾人享其权利，即有义务。故吾人对于乡里，当出其身以助地方之人力，担负租税以助地方之财力。

（四）人人自私其身家，则社会永无进步之望，而举步皆荆棘矣。世有家屋之内，整齐清洁，而门以外即芜秽②不治者。以其人无公益心，而自私自利之心胜也。故欲社会之进步，必先去其自私自利之心，以力谋公共之利益。

（五）今人习惯，往往遇有公益之事，畏避不前，以为非吾一人一家之事。然人人具此思想，则一切公益之事，必将无人担任矣。诸生年少，虽未能兴办公益事业，然亦不可无此思想。今日有谋公益之思想，即为他日谋公益之根本也。

备考

〔范仲淹〕见第一册第十一课。　　〔公益〕公共之利益也。
〔蠲除〕扫除也。　　〔垢秽〕秽污也。　　〔裨〕益也。　　〔疫〕瘟疫也，传染病之流行广者皆曰疫。　　〔灾〕灾害也，水旱曰灾。
〔负担〕负其责而担任之也。

---

① 水龙：俗称消防水带为"水龙"。
② 芜秽：即污秽。

第五课　惜生物

要旨

本课使学生本推己及物之心,引起其利物之念。

本文

程颢为上元主簿。始至,见人持竿以取宿鸟,程取竿折之,诫使勿为。及任满,停舟郊外,闻数人共语曰:"此折竿主簿也。乡民子弟自此不取宿鸟者数年矣。"宋哲宗宫中戏折柳枝,程颐侍侧,进以方长不折之说。闻帝宫中盥漱喷水避蚁,因进曰:"有是乎?"帝曰:"然,恐伤之也。"颐曰:"推此心以及四海,治天下之要道也。"

教授要义

(一)人情莫不好生而恶死。凡为生物,何独不然。同生天地之间,殆无不同此知觉,推己之心以及物之心。苟其无害于我,慎毋任意戏弄残杀也。

(二)鸟宿于树,无害于我。上元之民,持竿伤之,是由戏弄而至残杀,大非爱惜生物之道矣。程明道折其竿而教之,卒以感化。盖其人亦知所为之不当矣。

(三)爱物之道,当分别有害无害。孙叔敖①埋两头蛇,周处②斩蛟杀虎,皆以其有害于人尔。若无害于人之物而伤之,则为无故残杀矣。他若动物之供人食料者,日用所需,自不能不于焉取给。然无故之杀,《礼经》所戒。庖厨之远,君子所称。任意残杀以恣口腹之欲,亦古圣人所不取也。

(四)不独此也。草木当发荣滋长之时,亦有生理,从而摧折之,则亦失其生理矣。宋哲宗戏折柳枝,而程伊川进方长不折之说。非谓草木之不可折也,言方长之时,不可夭阏③其生机也。周茂叔④不除窗前之草,人问之,曰:"与自家生意⑤一般。"草木虽是无知,若无故斩伐,不几自伤其生意乎?此言颇有至理。

(五)总以上诸说,诸生固知生物之当爱矣。然本课之意专为无故残杀斩伐者而言,若学校之中,捉捕虫鸟,采集花木,为标本及实验之用,则又与无故残杀斩伐者不同,诸生识之。

备考

〔程颢〕见第一册第六课。　　〔上元〕地名,今江苏江宁⑥县。

----

① 孙叔敖(约前630—前593):春秋时楚国令尹。孙叔敖年幼时外出,见一两头蛇,杀而埋之。时称见两头蛇者死,孙叔敖怕他人又见,故杀而埋之。

② 周处(236—297):东吴吴郡阳羡(今江苏宜兴)人。周处年少时纵情肆欲,为祸乡里,乡亲将他与蛟龙、猛虎合称"义兴三害"。后周处杀猛虎、斩蛟龙,自己也悔过自新。

③ 阏:同"闭"。

④ 周茂叔:即周敦颐(1017—1073),北宋理学家,字茂叔,道州营道(今湖南省道县)人。著有《通书》《太极图说》。

⑤ 生意:生机,生命力。

⑥ 江宁:见本册第2课注释。

〔主簿〕官名。　〔宿鸟〕已投宿之鸟也。　〔任满〕任期满也。
〔宋哲宗〕名煦,神宗第六子。　〔程颐〕字正叔,洛阳人,颢弟。
为宋大儒,仕终直秘阁,世称伊川先生。　〔盥漱〕以盘水沃洗曰
盥,以水洗口曰漱。　〔喷〕以口喷水也。　〔蚁〕微虫也。

第六课　合群

要旨

本课言孤立不能自存,使学生知合群之必要。

本文

群犬集于野,一儿持竿击之,为犬所噬,仆而号,其父集众往救之,乃免。又有一儿登树摘蜂房,蜂啮之,急挥以手,蜂聚不散,儿痛而啼,几堕。其兄升树援之,而耳目已为所伤矣。犬,兽也。蜂,微虫也。合其群力犹能侵害人类。况人为万物之灵,若不能集合群力以御外侮,则不为异族所欺陵者鲜矣!

教授要义

（一）人生于世,孤立不能自存者,一人之能力有限。孤立无助,则不足以御外人之欺侮也。居家而不能睦其家,则人必侮其家。居乡而不能睦其乡,则人必侮其乡。推之一镇一城一国,亦莫不皆然。故欲御外侮,必先合群。

（二）合群者,结合团体之谓也。居家则结合家中之团体,居乡则结合乡里之团体。又由无数小团体,结合成一极大之团体。团体固则可以争存,可以对外,保家、保乡、保国、保种,胥①基之矣。

（三）某儿为群犬所噬,其父集众往救之乃免。夫某儿之所以为犬噬者,以犬众而某儿仅一人也。迨其父集众救之,则犬之众不敌人之众矣。某儿登树摘蜂房,为群蜂所啮,其兄救之乃免。夫某儿之所以为蜂啮者,以蜂聚而某儿仅一人也,迨其兄救之,则蜂之能力,不足以敌人之能力矣。

（四）当某儿为犬噬、为蜂啮之时,设无人往救,则两儿必为犬与蜂所困可知。然两儿之无故击犬与摘取蜂房,亦殊非爱惜生物之道。为犬噬,为蜂啮,盖亦自取之也。

（五）犬也,蜂也,恃其众犹足害人,而况人乎?处竞争剧烈之世界,弱肉强食,几成习惯,优胜劣败,天演公例。朝鲜之亡于日本,以朝鲜之孤立也。民国之能胜满清,以吾民之合群也。即小可以喻大,诸生识之。

（六）前此所授之课,如友爱睦族诸课,即所以合家之群也。睦邻公益诸课,即所以合乡里之群也。他若亲谊交友诸课,亦无一非合群之至理。诸生今在学校,对于同学,当合同学之群。他日对于社会,当合社会之群。孤立则败,合群则存,有所然者。

备考

〔噬〕啮也。　　〔仆〕跌倒也。　　〔号〕大呼也,哭也。
〔摘〕手取也。　　〔蜂房〕蜂之窠也。　　〔啮〕噬也,谓齿相切以

---

① 胥:皆。

断绝之也。　　〔啼〕哭也。　　〔堕〕坠也。　　〔援〕救也。〔御〕抵拒也。　　〔外侮〕外来之欺侮也。　　〔异族〕非我族类也。　　〔欺陵〕欺，欺侮也。陵，侵陵也。

第七课　爱国一

要旨

本课引苏武故事，以激发学生之爱国心。

本文

汉武帝遣苏武持节使匈奴，单于欲降之，武曰："屈节辱命，何面目归汉！"引佩刀自刺。半日，复苏。单于幽之大窖中，绝其饮食。天雨雪，武啮雪与旃毛并咽之，数日不死。匈奴又徙之北海①上，武杖汉节牧羊，卧起操持，节旄尽落。昭帝即位，匈奴与汉和亲，汉求武等乃得归。武留匈奴十九年，屡濒于死而不忘汉。牧羊之时，犹持汉节，其爱国之心挚矣。

教授要义

（一）人民所居曰国。国者，聚人而成，人所借以自存者也。

---

① 　北海：贝加尔湖，位于今俄罗斯东西伯利亚南部，汉时称为"北海"。

国亡则人民为无国之民，而受制于他族矣。欲不受制于他族，永为完全之国民，当人人具有国家观念。知国之当爱，知国之不可不爱。

（二）所谓爱国者，非空言也。无论如何艰难，如何困苦，惟此爱国之心，始终不可改易。若平时以爱国自诩，一经艰苦困难，即改易其初心者，非真爱国者也。

（三）苏武之使于匈奴也，因虞常①与武副使张胜，谋杀汉降人卫律②，事发连武。匈奴之君长欲降武，武引佩刀自刺，半日复醒。其后匈奴屡欲降之而屡不从，幽之大窖，移之海上，历时至十九年之久，迄无一日忘汉。其爱国之心，可谓至矣。

（四）观苏武之辞曰："屈节辱命，何面目归汉！"光明磊落，殆发乎纯一之爱国心，无一毫虚伪之意存乎其间。其时汉降人之在匈奴者，如卫律，如李陵③，皆受匈奴之命以劝武，是甘心为异族之奴隶矣。

（五）苏武之始终不降匈奴，以武有爱国之决心也。有汉然后有苏武，苏武之不降，即苏武之爱汉也。

（六）吾人生于中国，身为国民，当知我为中华之国民，并当知中华为国民之中华。激发爱国之思想，协力以图吾国之保存，则近之矣。语曰："皮之不存，毛将焉附。"今为之转一语曰："国之不存，民将焉附。"民之于国，犹皮之于毛也，诸生念之。

---

①　虞常：卫律之部下，因不满卫律，与苏武副手张胜谋划杀卫律，逃回中原。后事败被杀。

②　卫律：汉武帝时出使匈奴，后投降匈奴，受到单于之重用。

③　李陵（？—前74）：汉陇西成纪（今甘肃天水秦安）人，西汉名将。曾奉命出征匈奴，因寡不敌众而降于匈奴。

备考

〔汉〕朝代名。高祖刘邦灭秦有天下,国号汉。亦曰前汉,又称西汉。光武帝刘秀中兴,史称后汉,亦曰东汉。迨天下三分,昭烈帝即位于蜀,史称季汉,亦曰蜀汉。三朝凡二十六帝,四百六十四年。　〔武帝〕名彻,景帝太子。好大喜功,为汉代雄主。　〔苏武〕字子卿,汉杜陵①人。宣帝赐爵关内侯,图形麒麟阁②。　〔节〕符节也。古使臣执以示信之物。　〔匈奴〕汉北方夷狄名,屡为边患。〔单于〕匈奴称其君长曰单于。　〔降〕降伏也。　〔苏〕醒也。〔窖〕穴地藏物曰窖。　〔旃〕旗,曲柄也。《尔雅》:"因章曰旃。"③　〔咽〕吞也。　〔和亲〕汉以女下嫁于匈奴曰和亲,犹言缔和而结为姻亲也。　〔濒〕凡迫近者皆曰濒。　〔挚〕至也。

---

①　杜陵:地名,在今陕西西安市东南。
②　麒麟阁:汉阁名,在未央宫内。汉武帝时所建,一说萧何造。汉宣帝甘露三年(前51),画功臣霍光、苏武等十一人图像于阁。
③　因章曰旃(zhān):因,沿袭;章,花纹,彩色。即一种红色(一说赤白相间)、无饰、曲柄的旗子。

第八课　爱国二

要旨

本课承前课使学生知中华民国之由来，以坚其爱国之心。

本文

集人而成群，合群而成国。国所以立，立乎人民。人民之有爱国心，尤为立国惟一之要义。孟子曰："民为贵。"言民为国之本也。吾国自清帝入关，汉民受其统治者几三百年。比年以来，民苦专制，不惜牺牲生命谋复祖国。武汉义旗一举，各省响应，中华民国不数月而成立。我中华民国之光荣，皆我国民爱国之效果也。伟哉！国民！

教授要义

（一）吾人所生之国曰中华民国，是吾人皆为中华民国之人。既为中华民国之人，则中华民国之所以当爱，诸生已知之矣。今再与诸生言中华民国之由来。

（二）中华民国之未成立也，吾国民之统治权，久在清帝掌握。道咸①以后，海禁大开，外人足迹，遍我各省，割地赔款，屡次见告，瓜分之说，腾②于报章。吾国民鉴于波兰、印度之惨③，亡国亡种之痛，遂不惜倡言革命，力谋自立。宣统之季，武汉举义，全国风从，清廷南下之军，亦复倒戈相向。清帝知民心已去，遂以退位。计自起义至清帝退位，不过五月。中华四千年专制之帝国，遂一跃而为共和民国矣。

（三）共和成立，吾人既享其幸福矣。然现在之幸福，为前此爱国之心所力争而得者。将来之幸福，则尚有赖于吾民也。消除意见，激发志气。执政者力谋行政之统一，居乡者力谋乡里之公安。推爱己之心以爱国家，勿为过激之竞争，勿为无谓之争执，则中华民国，庶有乂乎!④

（四）诸生今在小学，前之所言，固未可资之诸生。然同为国民，则对于国家，同有应尽之义务。今日有此思想，即他日有此义务。一国之强弱，全视国民之强弱。保存不易，巩固尤难，天下安危，匹夫有责。民国前途，有赖于诸生者正多也。

备考

〔孟子〕见第一册第二课。　　〔清帝〕清朝之帝也，自世祖福临入中国，至宣统逊位，凡十帝，二百六十七年。　　〔入关〕清由

---

① 道咸：清道光、咸丰。

② 腾：传。

③ 波兰、印度之惨：十八世纪中期，印度沦为英国的殖民地；后期，波兰遭俄罗斯、普鲁士和奥地利三国之瓜分而亡国。

④ 庶有乂(zhì)乎：庶，差不多；乂，通"乿"，解决。意谓(祸害)差不多可以解除了。

满洲入山海关。　　〔专制〕政体也。凡事皆由君主主持,人民不得参与者,曰专制政体。　　〔牺牲〕成汤祷雨,以身为牺牲。今人因谓拚弃一切曰牺牲。　　〔祖国〕祖宗之国也。　　〔武汉〕武,武昌也,湖北省治;汉,汉口也,今夏口县①。　　〔义旗〕举义之旗也。　　〔中华民国〕中国自古至清,皆为君主国,革命后改政体为共和,定名中华民国。　　〔光荣〕光,光辉;荣,荣耀也。　　〔效果〕谓效力之结果,犹言效验也。

---

① 夏口县:旧县名,1912 年由夏口厅改置,治汉口,1929 年撤销。汉口,今属武汉。

第九课　忠烈

要旨

本课承爱国之后,引文天祥事,养成学生忠烈之决心。

本文

宋文天祥被元将张弘范所执,不屈。迨厓山破,陆秀夫负卫王昺赴海死。弘范置酒大会,谓天祥曰:"国亡矣,能改心事元,不失为宰相也。"天祥仍不屈,遂以天祥至燕①,囚之。寻又劝之降,仍不从,遂杀之。临刑殊从容,谓吏卒曰:"吾事毕矣。"南向再拜死。其衣带中有赞曰:"孔曰成仁,孟曰取义,惟其义尽所以仁。至读圣贤书,所学何事,而今而后,庶几无愧。"

教授要义

(一)好生恶死,人之常情。而忠烈之士,则不以生死动其心。

———————

① 燕:即元大都。

爱国之心坚,则其气正,气正则壮,壮则不为利害所动。虽临难亦不屈矣。

(二)忠之一字,古来多指事君而言。今共和成立,无君臣名义,则忠字当指爱国言。爱国者,爱国民之国,则忠于国者,亦忠于国民之国也。

(三)宋亡于元,是汉族之亡,非独赵宋一人之亡也。文文山①痛国之沦于异族,故虽被元将所执,而始终不屈。观其对元将之言,一则曰国亡不能救,敢逃死而贰心乎?再则曰国亡当死。是纯乎爱国之心,郁结而为忠烈之气。岂寻常匹夫匹妇之愚,可与相提并论哉!

(四)孔子曰:"志士仁人,无求生以害仁,有杀生以成仁。"孟子曰:"生亦我所欲也,义亦我所欲也;二者不可得兼,舍生而取义者也。"斯言也,所以警临难苟免之人也。仁义之心胜,则生死之念轻。文文山真能读孔孟之书矣。

(五)吾人今日之得安居于此,凡事得以自主者,赖有民国之成立,受民国之保护也。非然者,国土丧失,外患蜂起,惨痛又可言耶?诸生读书养气,后日能本其爱国之心,以效忠于我民国,而尽国民之责任,则我国民实赖之矣。

备考

〔宋〕朝代名。太祖受周禅为帝,凡十八帝,三百二十年,灭于元。 〔文天祥〕字宋瑞,又字履善,吉州②人。宋末勤王拜右相,

---

① 文文山:即文天祥,其号文山。
② 吉州:今属江西省吉安市。

挟二王入闽广,兵败被执。系狱四年,不屈,为元所杀。谥忠烈。
〔元〕朝代名。蒙古太祖起兵沙漠,子孙继之。世祖建国号曰元,旋
灭宋,帝中国,凡十帝,九十二年,亡于明。　　〔张弘范〕字仲畴,
元定兴人,为镇国上将军,平宋有功。　　〔厓山〕在广东新会县南
八十里,宋末帝昺避迁于此。元兵袭破之,昺死于海。　　〔陆秀
夫〕字君实,宋盐城人。卫王时为左丞相,至元中厓山破,负王赴海
死。　　〔卫王昺〕度宗子,立于广州。厓山破,死于海,宋亡。
〔宰相〕官名。君主国百官之长,谓相其君以行政也。　　〔临刑〕
临受死刑时也。　　〔吏卒〕吏,书吏也;卒,兵卒也。　　〔衣带〕
束衣之带也。　　〔赞〕文体之一,赞美其人者也。　　〔成仁〕《论
语》:"志士仁人,无求生以害仁,有杀生以成仁。"　　〔取义〕《孟
子》:"生亦我所欲也,义亦我所欲也;二者不可得兼,舍生而取义
者也。"

第十课　义勇一

要旨

本课激发学生振奋之心，以作其义勇之气。

本文

墨子之徒百八十人，皆可使之赴汤蹈火，死不旋踵。非死其师，死义也。举一国之人，伈伈伣伣皆为无气之徒，可耻孰甚焉。中国今者，颇有类乎？此权利为人所攘夺，莫或敢争也。人民为人所奴视，莫或知愤也。即或愤之，或争之，一哄而已，不旋踵而冰消瓦解矣。外人所以诋我为无气之民，而敢加凌侮也。质而言之，则义所当为之事，莫或肯引为己任而已矣。孔子曰："见义不为，无勇也。"惟不知义，故无勇也。

教授要义

（一）前数课由合群而及爱国，由爱国而及忠烈。国家观念，已略具矣。然真能爱国者，又必有义勇之气，义勇者何？义所当为之事,奋勇直前而不顾也。

（二）今人于一己之权利,如田产为人所占,身体为人所辱,必奋发其勇气,与人力争。而于国家之土地为人侵夺,权利为人侵害,往往视若无睹者,此知爱其身爱其家而不知爱国。所谓勇于私斗,怯于公战也。

（三）吾国自与各国交涉以来,丧失之土地,不知凡几,丧失之权利,不知凡几。以路矿或通商为外人所吸收之金钱,不知凡几。而吾国民多视为国家之事,与吾民无与。不知国家以国民集合而成,国民因国家之保护,始得保其固有之权利。国家所丧失,即国民所丧失也。

（四）今之国民,渐有国家思想,渐知保存吾国固有之权利。故每遇有损害于吾国者,不惜力为之争,以为政府之后劲。然朝气甫作,暮气已乘,曾不崇朝①,而昔之义勇勃发者,转瞬已淡焉若忘。无气之民,所以受诋于外人也。

（五）甲午之战,日本占我辽东,为俄人所阻,易以台湾。其后俄占旅大②,日人举国引为大辱,卒致胜俄而后已。此日本之民,能视民与国为一,故得有此效果。吾国之民,恒视民与国为二,故有今日之弱。而今而后,愿吾国民于义所当为者,勿存退避之见,勿萌畏葸③之心,鼓其勇气,以助吾国。则民国前途,庶有豸乎!

备考

〔墨子〕名翟,战国时宋人。仕宋为大夫,著书号《墨子》。

---

① 曾不崇朝:曾,乃,竟;崇朝,终朝。犹言竟然用不上一个早上。
② 旅大:旅顺、大连。现都属于辽宁省大连市。
③ 畏葸(xǐ):畏惧,胆怯。

〔赴汤蹈火〕言不畏死也。 〔伈伈伣伣〕恐惧貌。韩愈文：伈伈伣伣，为民吏羞。 〔攘夺〕攫而夺之也。 〔愤〕恨也。 〔哄〕闹声也。 〔冰消瓦解〕化为无有也。 〔诋〕毁辱也。 〔凌侮〕侵凌欺侮也。

第十一课　义勇二

要旨

本课引狼瞫故事，使学生知义勇之道，不可为意气之争。

本文

所谓义勇者，非徒激于意气，遂起而为无秩序之争也。亦必有其所当循之道焉。昔狼瞫被黜于晋，其友欲与之为难①。瞫曰：《周志》②有之，勇则③害上，不登④于明堂。死而不义，非勇也。子姑待之。及晋与秦战于彭衙，瞫以其属驰秦师，死焉。晋师从之大败秦师。君子谓：狼瞫于是乎君子。《诗》曰："君子如怒⑤，乱庶遄⑥沮⑦。"怒不作乱，而以从师，可谓君子矣。

---

① 为难：发难。此处指杀先轸（因狼瞫被先轸所黜）。
② 《周志》：即《逸周书》。
③ 则：如，假如。
④ 不登：不升。意为不能入明堂（祖庙）配享。
⑤ 怒：发怒。此处指怒斥谗佞。
⑥ 遄（chuán）：快，疾速。
⑦ 沮（jǔ）：阻止。

教授要义

（一）所谓义勇者，义所当为之勇。若徒以意气之偏，愤起而争者，不得谓之义，并不得谓之勇。

（二）有君子之勇，有匹夫之勇。愤而为意气之争者，匹夫之勇也。起而为国家之扞卫①者，君子之勇也。勇而用不得其当，非义也。

（三）晋之狼瞫被黜，其友欲与之为难，即所谓意气之争也。若瞫从其说，是以私怨害公矣，义于何有？

（四）瞫之言曰："死而不义，非勇也。"盖深得义勇之本旨矣。晋与秦战，正勇士执干戈以卫社稷之时，瞫以必死之心，为报国之义，可谓不愧君子矣。

（五）《礼》曰："战阵无勇，非孝也。"两国争战时，胜负之分，关系国力之消长，能人人用其勇，则战必胜，攻必克矣。时变日亟，外患纷乘，国民能作其义勇之气，为国家之助，则御外侮，张国权，胥在此矣。

备考

〔狼瞫〕春秋时晋人。　　〔黜〕退也。　　〔明堂〕《大戴礼》：明堂凡九室，一室有四户八牖，以茅盖屋，上圆下方，所以明诸侯之尊卑也。　　〔晋〕国名，今山西地。　　〔秦〕国名，今陕西地。〔彭衙〕春秋秦邑名，在今陕西白水县东北。

---

① 扞（hàn）卫：即捍卫。

第四册

第二学年第一学期

第一课　自尊

要旨

本课使学生知尊重人格，以养成完全独立之精神。

本文

福泽谕吉，日本之大教育家也。其训学者也，标提独立自尊一语，以为德育最大纲领。盖自也者，国民之一分子也。自尊其人格，即所以尊国民。吉田松阴曰：士生今日，欲为蒲柳斯蒲柳矣，欲为松柏斯松柏矣。夫欲为松柏者，果能为松柏与否，尚未可知。若欲为蒲柳者，而能进于松柏，盖未之闻也。孟子曰："自暴者，不可与有言也；自弃者，不可与有为也。"不自暴不自弃，则自尊矣。是以国民贵自尊。

教授要义

（一）人生于世，贵乎独立。独立之要，贵乎自尊。自尊者，言当尊重个人之人格，非妄自尊大之谓也。能养成健全之身体，普通之道德，普通之知识技能，对一己不失为完全之个人，对一国不失为完全之国民，则真能自尊矣。

（二）日本福泽谕吉，标提独立自尊一语，为德育最大纲领。养成德育，固不独自尊一语。然不能自尊，则无独立心，无独立心，则立身之基础不固，而外来之人事易摇，故必自尊而后有独立之定力。

（三）日本吉田松阴蒲柳松柏之喻，即言人之能自尊与否也。能自尊则松柏，不能自尊则蒲柳矣。蒲柳至贱，松柏后凋，欲为蒲柳与松柏，惟人自择。犹言欲为尧与桀纣，惟人自择也。

（四）孔子曰："当仁不让于师。"颜渊曰："舜何人也？予何人也？有为者亦若是。"孟子曰："忧之如何？如舜而已矣。"古人自命何如，自居何等，何今人常自视不如古人乎？自视不如古人，则骄傲怠惰之心从之而生。骄傲之心生，则自暴；怠惰之心生，则自弃矣。毋自暴，毋自弃，勉为松柏，毋为蒲柳，则自尊之道得矣。

备考

〔福泽谕吉〕日本之教育家，号雪池。曾漫游欧美，明治间创刊《时事新报》，全力倾注于教育事业。　〔标提〕标明而提示之也。〔德育〕育成其道德也。　〔分子〕物体极细之小点，由此小点积之以成全体者。　〔人格〕人之品格也。　〔吉田松阴〕日本人，姓藤原，名矩方，松阴其别字也。以谋勤王覆幕府，为幕府所杀。〔蒲柳〕木名，杨也，材木之贱者。　〔松柏〕木名，冬夏常绿，材木之贵重者。　〔自暴〕拒之以不信也。孟子："言非礼义，谓之自暴也。"暴，犹害也。　〔自弃〕绝之以不为也。孟子："吾身不能居仁由义[①]，谓之自弃也。"

---

① 居仁由义：居心于仁，行事于义。

第二课　反省

要旨

本课使学生知律己之严，而加反省之功。

本文

曾子曰："吾日三省吾身，为人谋而不忠乎？与朋友交而不信乎？传不习乎？"盖以吾人进德修业，必反省。平日之行为，若有不善，必深悔而痛改之也。范仲淹服官时，每日必计饮食奉养之费，若与所作之事相称，则熟寐，否则终夜不安寝。斯亦反身自省之意也。人欲处世无大过，盍师曾子与范仲淹？

格言：悔既往之过，以警将来。

教授要义

（一）人非圣贤，孰能无过。过而勿惮改，则终于无过矣。其改过也，由父师之责备者有之，由朋友之规劝者有之，若欲不出于父师之责备，不由于朋友之规劝，而自能见其过者，非反省不为功。

（二）曾子之三省吾身，即反躬自省之谓也。能时时自省，则过恶之来，省之即去。譬如明镜纤尘，拭之即净也。孔子曰：躬自厚而薄责于人。又曰：君子求诸已。皆反省之道也。

（三）范仲淹每日必计其饮食奉养之费，与所作之事相称与否，亦即反省之道也。所作之事相称，则饩廪①称事，可以自问无惭。苟不然者，则孟子之所谓徒哺餟②矣。岂有学古之道而可以徒哺餟乎？

（四）诸生平日有无过失乎？亦曾有犯学校之规则乎？欲不犯学校之规则，必思当日之所犯者何事；欲无丝毫之阙失，必思当日之有过者何故。即平时并无过失，而视听言动之间，有所失检，亦当思失检者何事。寡过未能，伯玉③犹病。吾未敢以此望诸生，然欲求寡过之心，则不可一日无也。见人之过易，见己之过难。诸生于反省之功，盍加之意乎！

备考

〔曾子〕见第一册第十三课。　　〔范仲淹〕见第一册第十一课。
〔服官〕居官而服其职务也。　　〔熟寐〕熟睡也。　　〔盍〕何不也。

---

① 饩廪(xì lǐn)：也作"既廪"。廪，米粟。古时月给的薪资，也泛指俸禄。

② 哺餟(bǔ chuò)：吃喝。

③ 伯玉：即蘧(qú)伯玉，春秋末年卫国大夫，品德高，为人有贤名。自称"欲寡其过未能也"，后人说他"年五十而知四十九年非"，是一位善于改过的人。

第三课 主敬

要旨

本课使学生知敬以持己,而收束其放心。

本文

程伊川喜诵"君子庄敬①日强,安肆②日偷③"之语。尝曰:"整齐严肃则心便一,一则自无非辟之干。""盖常人之情,才放肆则日就旷荡;自检束则日就规矩。"今人于外物之奉身者,事事要好,而于己之心,却不要好,是不知本也。孔子曰:"非礼勿视,非礼勿听,非礼勿言,非礼勿动。"因作视听言动四箴以自警。

格言:修己以敬。

---

① 庄敬:庄严恭敬。
② 安肆:安乐放纵。
③ 偷:苟且。

教授要义

（一）前课与诸生讲反省之功，能自反省者，必能持己。持己之道，以敬为主。能主敬者，必当使此心常在腔子里。孟子曰：学问之道无他，求其放①心而已矣。言心之不可一日放也。人有放其心者，试观程子之言。

（二）君子庄敬日强，安肆日偷。即求放心与不求放心之谓也。心有主则气正，气正则五官四肢皆以心之趋向是从，而一切外来之纷华靡丽，放荡邪侈之事，皆不足以动其心。心一放则无主，无主则荡检逾闲②之事，相随属矣。伊川先生以"才放肆则日就旷荡，自检束则日就规矩"为戒。其意远矣。

（三）今人习惯，于饮食衣服之需，居处之奉，室家之美，无不欲与人争胜，而于一己之心，反多不能检束。其所以不能检束者，以视听言动四者有以淆惑之也。所视所听者非礼，则所言所动者亦相因而非礼矣。非礼则心放矣。大贤如伊川，犹作四箴以自警。吾辈之自警，又当何如耶？

（四）诸生今日操持③未定，未必能不放其心。然放其心而能自求之，尚有检束此心之日。若放其心而不知求，则不足以求学矣。哀莫大于心放，诸生戒之。

（五）本课格言引"修己以敬"之语，即言持己之必以敬也。能以敬持己，则心自能不放矣。

---

① 放：放任，失去。
② 逾闲：越过范围，超出法度。
③ 操持：操业。

备考

〔程伊川〕见第三册第五课。　〔君子庄敬日强,安肆日偷〕见《礼记》。　〔整齐严肃〕整齐划一,端严肃穆之谓。　〔非辟〕偏邪也。"辟"与"僻"同。《礼记》:"是以非辟之心无自入也。"〔放肆〕放恣也。　〔旷荡〕放纵而不自持也。　〔检束〕检点而收束也。　〔规矩〕所以为方圆之器也。圆者曰规,方者曰矩。《礼记》:"周旋中规,折旋中矩。"　〔箴〕文体之一种,作此以规戒也。

第四课　坚忍

要旨

本课示学生以坚忍之故事,养成其坚忍之心。

本文

　　曷白笃①,美之农家子也。不愿为农夫,家贫,十六岁始入寻常中学,刻苦勤勉,卒业后充小学教师。课余,常研究法律,遂成法律家。旋任某市之重要职,遂入政治界,卒之竟被选为美之副总统。生平常语人曰:"吾人作事自发端以迄成功,不论其间有何等之困难,当竭力为之。"曷白笃固能始终履行此主义者也。不然生于农家,既无势力,又乏援引,胡②能至此?

　　格言:困难之来,当含笑以迎之,决不可避之。

---

　　① 曷白笃:今译加勒特·奥古斯塔斯·霍巴特(Garret Augustus Hobart, 1844—1899),美国共和党成员,曾任美国第24任副总统(1897年3月4日—1899年11月21日)。

　　② 胡:何以。

教授要义

(一)第一学年讲授第二课,尝与诸生言志立矣。所谓立志者,凡吾心之所欲为,不达目的不止也。欲达其目的,中间必有无限之周折,无限之艰难。若无坚忍之决心,则浅尝辄止矣。

(二)曷白笃氏生于农家,而不愿为农夫,所以不终于农夫也。其入中学校也,为昼间之食用计,夜间服种种之劳役。卒业之后,处失意之境者又数年。其后始由研究法律而为辩护士,由辩护士而入政界,卒以得副总统之地位。以生于农家而得为副总统,其中间之困苦可知矣。有志者事竟成,其曷白笃之谓乎?

(三)孟子曰:"天之将降大任于是人也,必先苦其心志,劳其筋骨,饿其体肤,空乏其身,行拂乱其所为,所以动心忍性,增益其所不能。"由是以观,天之与人以艰苦之逆境者,实所以养成是人也。古来雄才大略之士,无不备历艰苦,始能成一伟大之业,又岂独曷白笃已哉?

(四)诸生今日为小学之学生,其中必有家贫而勉强来学者。推此勉强之心,以作其坚忍之气,则他日入中学入大学,皆可以勉强之心行之,能勉强即能坚忍矣。

(五)本课格言谓:困难之来,当含笑以迎之,决不可避之。即言坚忍之道也。能不避困难,即能坚忍,能坚忍则立志定,立志定则外来之诱惑不足动,所处之境遇不足移,而希望之目的必可达。若惧事之困难而避之,则非吾之所望于诸生矣。

备考

〔寻常中学〕即普通中学校。　　〔卒业〕毕学校之业也。　　〔法

律家〕研究法律之专家也。 〔研究〕精研而详究之也。 〔市〕
大城镇曰市。 〔政治界〕行政之官吏也。 〔被选〕被人选举
也。 〔副总统〕共和国大总统之副也。 〔援引〕引进也。

第五课　敏事

要旨

本课示学生以治事之方,使知迁延之恶习,必当痛戒。

本文

昔有人在伦敦之塔中,著一有名之世界史。或问曰:"君于短日月之间,何能成此大著述?"曰:"余无特别方法,惟欲为之事,即日为之而已。"又有人问法之某政治家曰:"君处烦剧之职,何以尚能于交际无阙失乎?"答曰:"余今日欲为之事,今日即为之,决不延至明日。"盖治事于应治事之时,犹农夫播种于应播种之时,其效果极速。若迁延至数日或数周之后,则时机失矣。

教授要义

(一) 今人处事,往往失败,或中途废止者,其原因多出于怠惰。怠则不事其事,而事必不举。原其致此之始,实由迁延二字。

(二) 迁延者,今日所应治之事,姑待明日之谓。今日可以待明日，则明日又可以待明日矣。以事可姑待，遂成迁延。迁延日久，遂成怠惰。怠惰则事废矣。故欲事之必成，以不可怠惰为第一义。而事之方始，尤以不可迁延为第一义。

（三）英人某以至短之时间而成世界史，法之某政治家处烦剧之职，而于交际无阙失。二人致此之由，则惟今日之事，今日为之而已。

（四）今日之事，今日为之，则计日程功①，废时少而竣事速。事竣则自有闲暇之时，可以从事于交际矣。今人于事烦之时，往往以谢绝酬应为言，犹未得节时之道也。

（五）今日应为之事，若延至明日，则明日所应为之事，必延至后日。不特费贵重之时间，必至失良好之机会，并有一种不愉快，因延引时日而发生矣。譬如每日往复之书札，受信之时，即行答复，似亦不甚繁重。若延搁数日，则书札多而答复难，因答复难而不快，因不快而不复，不复则怠惰成而事废矣。

（六）无论何事，凡所应为者，务当即日为之。如诸生于今日所受之课，有未熟习者，今日必求其熟习。有未了解者，今日必求其了解。以明日又有明日之课也。吾人治事，譬之军队，前队不进，后队必因之致乱。诸生戒之。

备考

〔伦敦〕英国之京城，为世界极大都会。　〔世界史〕世界各国之历史也。　〔著述〕著书立说曰著述。　〔特别〕事之异于寻常者曰特别。　〔政治家〕研究政治之专家也。　〔法〕国名，

---

① 计日程功：按日计量工作进度和成效。计，计算；程，估量；功，成效。

即法兰西,欧洲共和国。　　〔烦剧〕烦苦而艰难之事也。　　〔交际〕朋友往来之交际也。　　〔阙失〕过失也。　　〔播种〕散布种子之谓。　　〔数周〕一星期为一周,数周即数星期也。　　〔时机〕及时之机会也。

第六课　守规律

要旨

本课承敏事之后，使学生知欲戒迁延，必守规律，以养成其保守秩序之心。

本文

规律者，收束吾人之身心，使不至逾越之具也。处今日之社会，欲争存于世界，必当守一定之规律。如晨兴晚宿，治事游息，交际宴会，莫不守一定之时，即守一定之规律也。守一定之规律，实为节约时间之良法。佛兰克林平日一举一动，皆有定则。常分每日之时刻，以何时办事，何时休息，列为一表，准而行之，故终身无废时失业之弊云。

格言：习之久，自不觉其苦。

教授要义

（一）前课言敏事，所以戒迁延也。欲戒迁延，必守规律。诸生在学校之中,上课及游止食宿,均有定时,尚能遵守勿失。而一遇放假回家,则类①多不能遵守一定之时刻者。以学校之中,有规律以束缚之。家庭则或由父母之溺爱,或由朋友之往来,有时亦非规律所能束缚,遂不免自轶②于规律之外也。

(二)真能守规律者,无论何地何时,必自守规律,不稍逾越。盖守规律则办事有绪,食宿有时。久久如此,便成习惯。若忽为此事,忽为彼事,在胸中既无一定之主宰,则头绪繁多,必有治丝而棼③之叹,而时间亦多虚掷。谚云:忙中常有闲暇之时。盖言治事有一定之时,则今日之事,决不延至明日,自无诸事丛积之时也。

(三)佛兰克林之治事,即真能守规律者也。每日之时刻,以何时办事,何时休息,列为一表。准而行之,则作事有常,精神振作,不为事务所役使,而能以己心左右事务矣。能以己心左右事务,则心力不劳而事治。故能守规律者,不独治事之要,抑亦卫生之良法也。

(四)诸生平日在学校,在家庭,皆能遵守规律乎?或上课时而思休息,或回家后而来校有迟早,或所作之事,境过辄忘,皆所谓不守规律也。观于本课,当知取法。

(五)本课格言谓:习之久,自不觉其苦。言习惯即成自然也。人为规律所束缚,其初必甚觉其苦,然习之既久,则不觉其束缚矣。

备考

〔规律〕规则法律之谓。　　〔逾越〕不遵守规律也。　　〔宴

---

① 类:大抵,大都。
② 轶:超出,超过。
③ 治丝而棼:也作"治丝益棼",理丝不找头绪,结果越理越乱。比喻解决问题的方法不正确,使问题越来越复杂。

会〕筵宴聚会也。　　〔佛兰克林〕美国人,富于爱国思想。美国独立时,首先签名。曾一使法国,两使英国。　　〔节约〕节,省也;约,简也。

第七课　戒欺诳

要旨

本课引华盛顿事，以养成儿童诚实不欺之德性。

本文

华盛顿八岁时，其父与以一小斧。华盛顿持至果园，戏斫果树，伤其父所最爱之樱。父入果园见之，怒曰："谁斫吾树者？"华盛顿在旁，不敢答。忽悟曰：予虽触父之怒，不可不为真实语。乃曰："儿不敢欺父，此树儿斫之也。"其父喜曰："儿不欺我，我有望矣。虽失百树何伤哉？"华盛顿十岁时，与其母之爱驹戏，失手毙驹。恐伤母心，乃奔告其母曰："儿失手毙驹。"母喜其不欺，亦不罪。

教授要义

（一）人之幼也，不能免无心之过失。在遇有无心过失之时，必先有恐惧心，因恐惧而不敢自认，往往致父母疑及弟妹，疑及婢仆，致起种种之诘责。幸而终不为父母所知，则欣然喜。不幸而仍为父母所知,则皇然惧。若此者,皆欺诳之习惯也。长此不改,则欺诳性成而道德亏损矣。

(二)华盛顿,美之大总统也。幼时嬉戏,斫其父所最爱之樱,毙其母所最爱之驹,皆直告其父母而不讳。所以敢于直告者,不敢欺诳也。

(三)华盛顿初意未尝不惧父母之谴责,然以为讳而不告,则父母必疑及他人。他人之知我事者,亦必举以告我父母。与其为他人所告,使父母之心不愉,而已身仍不免于谴责,且犯自欺以欺父母之罪,何如直认不讳,可以免于自欺乎?此华盛顿之所以为华盛顿也。

(四)华盛顿之父母,以华盛顿之自认斫樱毙驹,喜其不欺,皆不以为罪。是又深得家庭教育之道矣。爱樱及驹,自不若爱子之甚。在华盛顿父母之意,以为得百树百驹,不如得一不欺之良子。若于其直认之时,加以过甚之谴责,则其后必以恐惧谴责而不敢直告。迨[①]不敢直告,是儿本不欺,以谴责而养成其自欺矣。故皆于其直告而不以为罪也。

(五)诸生今在学校,亦有有过而不自认者乎?亦有有过而诿之同学者乎?苟其有之,皆欺诳也。所以为此欺诳者,欲免于责也。然有时为同学之质证,师长之察觉,亦终至责无可免。何如自认之尚可免于自欺乎?诸生乎,其毋为欺诳之人乎!

备考

〔华盛顿〕美国第一任之大总统。　〔斧〕斫木之器,神农氏所作。　〔斫〕以斧击之也。　〔樱〕木名,叶深绿,花五瓣,淡红,最为艳丽。　〔驹〕马之少壮者。　〔毙〕死也。

---

① 迨:同"逮",等到。

第八课　不拾遗

要旨

本课引不拾遗故事,使学生知非分之财不可苟得,以养成其自治之心。

本文

明罗伦携仆旅行,仆于途中拾一金镯,已五日矣。罗忧旅费不继,仆曰:“无虑也,向于某处拾一金镯,可质用之。”罗怒,欲返觅失物之主。仆曰:“往返必误行路,不可。”罗言:“此必婢仆遗失,万一主人拷讯,因而致死,是谁之咎? 吾不忍令人死于非命也。”竟返至失物之家,果系妇遗于盆而婢误投于地者。主妇疑婢窃取,鞭笞流血。夫复疑妻,辱詈不止。妻亦愤怒,欲投缳。罗至,出镯与之。举家感激。

教授要义

(一) 世界之上,宝贵之物甚多。然属于我者,为我所有;属于人者,为人所有。我祖我父所遗留者,我以资财购得者,我以务劳求得者,皆我之所有;外此则皆为人之所有。即人有举以赠我者,亦当思其物之所由来,我之当受与否,方为取不伤①廉。若人之遗于道途者,则固明明为人所有,而我不可苟取矣。世之人往往于遗物视为己有,此大谬也。

(二)罗伦旅行于外,忧旅费不给,而仆以拾有金镯对。仆拾金镯而不私为己有,在他人方且赏其仆之忠矣,而罗伦独不谓然。必还之而后已,以非我之财不可取也。

(三)罗伦当旅费不继之时,则己方忧贫;行已五日,则相隔已远。以己处贫之时,相隔已远之路,而必欲还之者,我得金镯,不过暂免于贫;人失金镯,则有生命之忧也。观于妇疑婢,夫疑妻之事,苟昧其金镯而不还,则妇与婢之生命危矣。

(四)今人于心之所好者,虽分②所不应得,亦必多方设计以求之。匹夫无罪,怀璧其罪,此事之可证者也。若人之遗于路者,物已无主,从而拾之,似不得谓之贪。然人之所重者,品行也,名誉也,若拾人之遗物,则品行名誉,皆丧失矣。品行重于圭璋③,名誉优于黄金,知此则自治之心严,而视人之非我有者,不至妄取矣。

(五)诸生今在学校,凡书籍用品衣服,为我自有者,当本惜物之心,加意保存。若为同学之所有而偶遗于路者,皆当本自治之心,拾而还之本人,则人我之界严,而品行名誉,均不至丧失矣。诸生戒之。

---

① 伤:妨碍。
② 分:名分、职责、权利等限度。
③ 圭璋:两种贵重玉器。

备考

　　〔罗伦〕字彝正,明江西永丰人。成化进士,授修撰。嘉靖初追赠左春坊谕德,谥文毅。学者称一峰先生。　　〔仆〕使令之人也。〔镯〕臂环也。　　〔旅费〕旅行之费也。　　〔不继〕费不足也。〔质〕典押也。　　〔觅〕寻也。　　〔拷讯〕拷,打也;讯,问也。〔非命〕不得其死曰非命。　　〔婢〕女子之供使役而事人者也。〔鞭笞〕以鞭打之也。　　〔辱詈〕辱骂也。　　〔投缳〕以绳为环而投之也。

第九课　正直

要旨

本课使学生知非义之财不可取，以养成其正直之品性。

本文

某乡人入市，至一商肆购物，付值二圆。迨归检视所购之物，价溢于二圆以上。次日入市，仍至其肆如数补足之。林肯尝为某商肆之司账①者，勤勉于职务，又能以正直待顾主。顾主咸②乐就③之，营业因而日盛一日。有妇人来肆购物，留价而去。林肯夜检所司之帐，则多百二十钱之收入，知为此妇所遗。妇家距肆颇远，林肯卒④即夕⑤持钱送还其家。

---

① 司账：旧时称负责财务工作的人。
② 咸：皆，都。
③ 就：趋向，接近。
④ 卒：最后。
⑤ 即夕：当晚。

教授要义

（一）贸易之道，贵乎公平。在买者计货授值，在卖者计值付货，宜也。若反是而有失出失入，则无论在何方面，皆为非所当得。

（二）乡人入肆购物，付值二圆，归而检视其所得之物，溢出于二圆以上，此商肆无心之误与也。林肯为商肆司账，夜检其账，多百二十钱之收入，此某妇之无心误遗也。

（三）商肆之无心误与，某妇之无心误遗，一己且不自觉，在他人则必昧而留之矣。然某乡人必至肆补足，林肯必持钱送还，正直之道，可以风矣。

（四）吾人处世，首重道德。若昧其误与之物，误遗之钱，所得者不过区区，而吾身之道德亏损者已多。道德亏损，便失人格。无惭衾影，不愧屋漏①，此古人所以垂戒也。

（五）人以道德为贵，营业亦以道德为贵。某乡人之补足其值，个人之道德也；林肯之必还妇钱，营业之道德也。个人而有道德，必为世所推重；营业而有道德，则顾主必多而营业益以发达。世之昧人所遗者，殆未见及此也。

（六）前课言不拾遗，如某乡人及林肯之事，亦不拾遗之类也。语曰："非义之财不可取。"又曰："临财毋苟得。"诸生知之。

备考

〔市〕商肆所在之地也。今谓大城镇曰市。　　　〔商肆〕商店

---

①　无惭衾影，不愧屋漏：也作"衾影无惭，屋漏不愧"。指暗中不做亏心事，后人引喻人在私生活中无败坏德行的事，问心无愧。

也。　　〔购〕买也。　　〔林肯〕美国人，精于法律，被举为十六代大统领。　　〔顾主〕来顾之主，即买物之人也。　　〔营业〕经营之业也。

第十课　孝亲

要旨

本课示学生以范仲淹、范纯仁之事,使知终身之孝。

本文

范仲淹,生有至性。以母在时方贫,其后虽贵,非宾客不重①肉。戒诸子曰:"吾贫时,吾亲甘旨未尝充也,今欲养亲而亲不在,忍令若曹享富贵之乐乎?"其子纯仁,性亦孝友。登第②调知③武进县,以远亲不赴。易近地,又不往。仲淹曰:"汝昔以远为言,今近矣,又何辞?"对曰:"虽近亦不能遂养,岂可重禄食而轻去父母耶?"及仲淹没,始出仕。

格言:大孝终身慕④父母。

---

① 重:重复。不重肉,即吃饭时没有两道(种)肉食,意指饮食节俭。
② 登第:科举考试被录取。
③ 知:主持,执掌。
④ 慕:爱慕,怀恋。大孝终身慕父母,语见《孟子·万章上》。

教授要义

（一）孝养父母，有一时之孝，有终身之孝。养父母之口体，所谓一时之孝也。至如古之虞舜，人悦之、好色、富贵，无足以解忧者，惟顺于父母可以解忧，且终身慕其父母，即所谓终身之孝也。知终身之孝，则必一举动而不敢忘父母矣。

（二）范仲淹，起家贫困者也。以仲淹之孝养，虽菽水①之奉，亦固亲心所喜。然菽水究不如甘旨之适口也。迨其后能具甘旨，而亲已不逮。故虽贵，非宾客不重肉。所以不重肉者，不忍令己与子孙享父母未有之乐也。寇莱公②以太夫人不幸时，求一缣为衾襚而不可得，终身不畜财产，亦与仲淹事相类。古人之对于父母，其孝行又可及耶！

（三）仲淹之子纯仁，以不忍轻去父母，辞官不赴。及仲淹没，始出仕，亦可谓有父风矣。今人于仕宦之事，往往不惜夤缘狗苟③，以求达其目的，而于其父母之奉养，阙焉不讲。此其人殆未闻纯仁之风也。毛义④捧檄而喜，事正与此相反。而人亦以为孝者，以毛义之喜，喜其亲之得受禄养也。若纯仁则生于富贵，奉养之甘旨，不虞阙乏，正不必以捧檄为承欢也。

（四）子欲养而亲不逮，此人子最痛心之事也。故亲在之时，当

---

① 菽水：豆与水，指最平凡的食物，常用作晚辈孝养父母之称。
② 寇莱公：即寇准（961—1023），曾两度任北宋宰相。
③ 夤（yín）缘狗苟：夤缘，攀援，攀附权贵；狗苟，像狗那样不顾廉耻。
④ 毛义：东汉人。幼年丧父，家境贫寒，与母相依为命。以孝行称著乡里，举贤良。朝廷送檄文赏封他为安阳县令，毛义喜接檄文。不久，母亲病逝，朝廷派人来看望，毛义跪拜将原檄文捧还，不愿为官。后人称颂毛义有孝行且不贪利禄。

以不远父母为孝；亲没之后，当以不忘父母为孝。将为善，思贻①父母令名②，必果。将为不善，思贻父母恶名，必不果。皆所以不忘父母也。

（五）本课格言谓大孝终身慕父母，言人之当终身不忘父母也。

备考

〔范仲淹〕见第一册第十一课。　〔甘旨〕甘美之味也。〔若曹〕若辈也。　〔范纯仁〕见第一册第十二课。　〔登第〕科举取中者曰登第。　〔武进〕今江苏武进县。　〔没〕死也。

---

① 贻：遗留。
② 令名：美好的声誉。

第十一课　爱弟

要旨

本课引友爱之实事,使学生知爱弟之道。

本文

汉许武,会稽人。父卒,门户单微,有二幼弟。武昼则耕田,夜则读书。耕田时,二弟虽幼,必使旁观。读书时,坐二弟于旁,亲授句读,细为解说。教以礼让之事,成人之道。稍不率①教,辄云武无德不能化诲也,长跪②自怨,待二弟号泣请罪方起,不以疾言遽色相加也。室中,兄弟三人同卧起者数年。二弟长成,家稍裕,有劝武娶者,答曰:"娶妻易生嫌隙,恐伤手足之情。"乃先与二弟议婚,后方自娶。同居敦睦,乡里称为"孝弟许武"云。

---

① 不率:不服从,不遵循。
② 长跪:直身而跪。古时席地而坐,两膝据地,以臀部着足跟。跪则伸直腰股,以示庄敬,或表歉意。

教授要义

(一)世人之于兄弟,当两小无猜之时,每多友爱之真性。若父母早没,幼弟之受育于长兄者,所处之境遇,往往不能如父母存在之时。其兄之贤者,衣食教诲,无一或阙,然遇幼弟偶不率教,则斥责随之。其不贤者,则流于放任者有之,涉于苛待者有之。若而人者,皆未闻许武之事也。

(二)许武当父卒之时,门户单微,则家之贫困可知。有二幼弟,则皆仰食于武可知。武之昼而耕也,必使二弟旁观,使知服劳之事也;夜而读也,必亲授句读,并教以礼让及成人之道。以无力从师,不能不以一身教之也。昼耕所以育弟,夜读所以教弟。若弟不率教,他人必加以诃责,而武独长跪自怨者,盖恐我之教导有未周也。许武爱弟之心,可谓挚①矣。

(三)武之娶也,必后于诸弟。其言曰:"娶妻易生嫌隙,恐伤手足之情。"斯言也,深知兄弟不和之所由来矣。世俗妇女所见,不广不远,不公不平,多喜以言语激怒其夫,使与兄弟启衅。非丈夫有远识,则为其役而不自觉,一家中之乖戾②生矣。武之必后弟而娶,正所以防患于未然也。

(四)诸生年少,未必能以勤劳所得为育弟之需,然许武教弟之道,爱弟之心,固可则效也。世间最难得者兄弟,诸生他日,慎毋以妇言而启兄弟之衅③也。

---

① 挚:诚恳至极。这里是说许武爱弟之心,诚挚至极。
② 乖戾(guāi lì):不合,不和。
③ 衅:缝隙。指感情上的裂痕、争端。

备考

〔许武〕字季长，举孝廉，灵帝时为太守。　〔会稽〕地名，汉会稽郡治吴，今江苏吴县①。　〔单微〕单薄而寒微也。　〔句读〕凡文字中语绝处曰句，半句曰读，读音豆。　〔礼让〕以礼相让也。　〔长跪〕久跪也。　〔疾言〕急速之言也。　〔遽色〕严厉之色也。　〔嫌隙〕嫌，疑也；隙，怨也。　〔手足〕言兄弟如手足也。　〔敦睦〕敦厚和睦也。

---

① 吴县：旧县名，今属江苏省苏州市。

第十二课　储蓄

要旨

本课使学生本节用之道,而知储蓄之必要。

本文

凡有远虑之人,不特顾目前之生活,并豫计将来之生活。储蓄一端,即豫计将来之生活也。或问美国某富豪以致富之由,某答曰:"余惟勤于职务,不妄费而已。"不妄费者,平时节省无益之费,豫储之,以防异时或有意外之费也。此犹就消极者言之耳。就积极言,人于衣食住必要费之外,复储所得之一部,以为生利之母财。由母殖子,子复成母,循环孳乳,而个人与社会之富力,已增殖于无形之中。故储蓄之利,不惟利己实亦利群。

教授要义

(一)人之贫富,不能一定。储蓄者,富厚之时,豫防贫困。节省有余或不急之费,以为不足时之豫备也。今人于贫困之时,告贷则亲友莫应，与质则衣物俱罄，往往以无可如何，受呼蹴①之恶声，为下等之劳动，以为苟延生命之计者，皆平时不能储蓄之故也。

（二）善乎！某富豪之言曰：余之要点，惟勤于职务，不妄费而已。勤于职务，则所入必丰；不妄费，则所用必俭。丰于入而俭于用，其致富宜矣。

（三）吾人当日有俸给，或富厚之时，能每日节其有余；或不急之费，别为储蓄，则万一以意外而失其本业，则出其储蓄，当可为适当之生活。若当时滥用不已，则富厚之家，必有艰难之日。其在家况本属艰难者，更危险矣。

（四）人生于世，衣食住三者为生活之要素。然衣以彰②身为贵，不可过求华美；食以养身为贵，不可过求珍异；居室以容身为贵，不可过求壮丽。能若此，则必豫计一日之所入，而为一日之所出，即古人所谓节用之道也。

（五）能节用即能储蓄，能储蓄则母财日增，能永保其自立，而争存于世界。西人有言曰：勤俭为储蓄之必要。言储蓄之必由于勤俭也。今又为转一语曰：储蓄为生存之必要。言生存之必由于储蓄也。

（六）一人能储蓄，则一家富；人人能储蓄，则社会无穷蹙之象，而国力充足。储蓄之为用大矣。

（七）储蓄固为生存之必要，然所谓储蓄者，不妄费之谓，非鄙吝之谓也。若不可省之费亦省之，则成为鄙吝之小人，虽有金钱，名之曰守钱虏③而已，不得为节用也。有财不能用，有财不可滥用，斯得之矣。

---

① 呼蹴（cù）：呼唤苛斥。
② 彰：表示，表明。
③ 守钱虏：即守钱奴。

备考

〔职务〕职所应为之务也。 〔消极〕见下积极。 〔积极〕日常行为,力图进取者为积极,反是为消极。 〔循环〕回转不已也。 〔孳乳〕乳化而孳生不已也。 〔社会〕多数之个人所集合而成,彼此互相往来者曰社会。

第十三课　济众

要旨

本课承储蓄之后，去学生之鄙吝，而引起其好义之心。

本文

余杭吴志廉①，家素丰。遇岁荒，出所贮米数千石，贷诸贫人，存券盈箧，家资为匮。次年秋收，亲友劝执券取偿，吴曰："贫人经大饥后，命稍苏，不忍逼索。即逼索，亦无济，徒令吾仆与子日事烦扰也。"尽焚其券。李公谦②值岁饥，出粟千石，以贷乡人。明年又饥，人无以偿，李对众焚券。及岁熟，人争偿之，一无所受。又饥，李倾家资煮粥，活者万计，死者皆代瘗之。语曰：德莫高于博爱人。若吴、李二君者，殆无愧斯言矣。

---

① 吴志廉：清朝人。《（光绪）余杭县志稿》卷二《列传补遗》记有课文所述事迹。
② 李公谦：明朝人。明代《先进遗风》（耿定向撰，毛在增补）和《西园闻见录》（张萱辑），均记载课文所述之事。

教授要义

（一）前课言储蓄之道，曾言不可鄙吝矣。所谓鄙吝者，一丝一粟，不肯与人之谓。若善于储蓄者，有时亦以其有余助人之不足，即所谓济众是也。

（二）吴志廉、李公谦二人，于岁荒之时，尽以所贮贷与贫人，不责其偿，且焚其券，即所谓济众也。

（三）贷米与贫人者，岁饥也。岁丰而索偿，宜也，乃志廉则不忍逼索，公谦则一无所受。良以大饥之后，虽遇丰收，其所入必不足补饥岁之穷也。昔冯驩①为孟尝君焚券市义，以孟尝之好施，尚有"先生休矣"之言。若二人之毫无所市而尽焚其券，其高义不可及矣。

（四）在他人处二人之地位，或善价出售，以获巨利；或岁饥出贷，丰年加倍取偿，皆意中②事。然人人如此，则流离失所之民，不将听其饥死于沟壑乎？无论岁饥之时，乡民无购米之力，即甫③遇丰收，其歉岁所负者，必不仅我一家之债，若同时取偿，则乡民不死于饥而困于债矣。二人一片慈心，焚其借券，盖深知乡民之困苦也。

（五）今人以迷信求福，往往无故滥施。一般怠惰之人，反养成倚赖之习惯。故论者谓施济之事，得失参半。然水旱疾疫之来，非人意计所及，若无人出而拯救之，则民多失所矣。故施济贵得其道，

---

① 冯驩(huān)：一作冯谖(xuān)。战国齐人，孟尝君之门客。一日，孟尝君派其到薛地收债，到后，他假托孟尝君的命令，把债款均赐给欠债人，并当场把债券烧掉。孟尝君听后不快地说："先生休矣。"

② 意中：意料之中。

③ 甫：刚刚，才。

非其义，非其道，一介①不以与人，可也。

备考

〔余杭〕今浙江余杭县②。　〔贮〕积也，藏也。　〔贷〕借也。　〔券〕契也，凡以文字为凭信者通称券。　〔箧〕箱箧也，大曰箱，小曰箧。　〔饥〕谷不熟也。　〔苏〕醒也。　〔逼索〕逼而索取也。　〔无济〕无用也。　〔瘞〕埋也。

---

① 一介：形容少量。
② 余杭县：今浙江省杭州市余杭区。

第十四课　竞争

要旨

本课使学生知争存于世界，当富于竞争之思想。

本文

红番、黑种，何以存于昔而亡于今？曰：惟生存竞争故。欧洲诸国以分裂而强，中国自古统一而弱，何以故？曰一有竞争，一无竞争也。呜呼！竞争之为义，大矣哉！闭关独立之世，国民优游泮奂，不过不能进化而已。世界大通，则列国互竞，非优于人者不能自强，非等于人者无以图存。今欧美各国之进步一日千里，我国民不可不择其最强者以为标准，而孟晋逮①之也。

格言：生于今世界，当为今世界之人。

---

① 逮：及，到。

教授要义

（一）今日之世界，为一优胜劣败之世界。有人类即有优劣，有优劣即有胜败。竞争之心，所以保持优胜之要具也。

（二）美洲之红种，非洲之黑种，皆今世界人种之一也，何以不能与白种竞，并不能与黄种竞，而为世界最劣之人种者，以不知竞争也。

（三）欧洲诸国，若英若俄若德若法，以及其他诸国，无不极意扩张其国力，而互争雄长者，由于竞争也。中国自古闭关自守，自视为上邦，而目其他皆曰小国，曰蛮夷，驯至①今日之弱者，由于不知竞争也。欲生存必先竞争，有断然者。

（四）在闭关之时，无国与国之交际，无强国之互竞。虽国民不知竞争，于文明进化，多所阻滞，然尚不至于速亡。若在列国互竞之时，则强权世界，惟力是视。欲求自强，必先胜人；欲求生存，必先不弱于人。春秋战国时之强凌弱，众暴寡，吾国历史上之前车②也。各国殖民政策，正在发展，南洋群岛及南北美之土人，近世界之前车也。生今之世而不知竞争，则茫茫大地，恐无立足之所矣。

（五）优胜劣败，世界自然之公例。欲免劣败而操优胜之权，必自富于竞争之心始。欲人对于社会，占优胜之地位；欲吾国对于世界，占优胜之地位，非致力于竞争不可。

（六）本课格言曰：生于今世界，当为今世界之人。言不能竞争，即不为世界之人也。人无不生于世界，然其人为世所不足道、不

---

①　驯至：驯，渐进。意谓逐渐达到，逐渐招致。
②　前车：比喻可引为教训的往事。

足数者,虽同具此面目身体,不足为世界之人也。

备考

〔红番〕即亚美利加种,一名铜色人种,南北美洲之土人也。今存者一千五百万。　　〔黑种〕即阿非利加种,又名爱西比亚人种,亦名内革罗种,皆居非洲境内,亦有在美洲者。今存者一亿九千万。〔欧洲〕即欧罗巴洲,为五大洲之一。　　〔闭关〕与各国无往来,闭关以自守也。　　〔优游泮奂〕闲暇散逸之意。　　〔进化〕文化进步也。　　〔美〕即亚美利加洲也,五大洲之一,分为南美洲、北美洲。　　〔标准〕树标以为准也。　　〔孟晋〕孟,勉也;晋,进也。孟晋,犹言勉进也。

第十五课　自由

要旨

本课使学生知自由之界说,引起其遵守法律之思想。

本文

縶勇士之手足而使与人斗,可乎?曰不可,必不胜矣。此法律赋国民以自由之本意也。然人各自由,当以他人之自由为界。若以侵人之自由为自由,则人人互相侵,即人人皆丧失其自由。天下之不自由,孰甚于此!自由非生而有之,由人类能合群以相保,立国家以自卫,故能有自由。若人人侵人之自由,则秩序大乱,其群必涣,其国必亡。天行①之肆虐,异国之侵害,皆足以夺吾生命利益而有余,尚何自由之有。

格言:不自由,毋宁死。自由,自由,天下几多之罪恶,假汝之名以行。

---

①　天行:指流行性传染病。

教授要义

（一）诸生在家庭，凡一言一动，诸生之父母，必导以整齐划一之规。非禁其自由也，不如是不足以言自由也。今在学校，凡一言一动，教师必绳①以学校管理之规则，亦非禁其自由也，不如是不足以言自由也。盖自由由不自由而得，若误解自由为任意而行，则是野蛮之自由矣。

（二）所谓自由者，束身于法律之内，受法律所赋予之自由也。服从法律，即所以服从道德，即所以尊重个人之人格。能尊重人格，服从道德，则无往而不以法律自守，即无往而不自由矣。

（三）我既遵守法律，则法律不得侵我之自由，而我愈觉其自由。若为野蛮之举动，而人以法律干涉其自由，则欲自由而仍不自由矣。

（四）自由者，非限于一己之谓也。有我之自由，有人之自由。故自由之界说，以人各自由而不侵人之自由为界。所谓群之自由，不独个人之自由也。人人各得其所，即所谓群之自由也。人不能离群而独立，若不能保本群之自由，必有他群自外来而侵我之自由矣。故爱护群之自由，即所以爱护个人之自由也。

（五）本课格言之"不自由，毋宁死"，此法德普通之语，言国民之必当自由也。"自由，自由，天下几多之罪恶，假汝之名以行"，此法国女革命家罗兰夫人②之言，言假自由以行其恶也。自由为法律

---

① 绳：原指木工用的墨线，引申为标准、法则，又引申为按一定的标准去衡量、整治。

② 罗兰夫人(1754—1793)：法国大革命时期的政治家，其丈夫罗兰是吉伦特党的领导人之一。后被雅各宾派送上断头台。"自由，自由，天下几多之罪恶，假汝之名以行!"是她临刑前留下的名言。

所赋，吾人所当共有。假自由以行恶，则吾人所当共戒也。

备考

〔絷〕系也。　　〔斗〕相争也。　　〔法律〕国家判定之法律，人民所共同遵守者也。　　〔合群〕合众人为群也。　　〔卫〕保卫也。　　〔秩序〕次序也。　　〔涣〕散也。

第五册

第二学年第二学期

第一课　报德一

要旨

本课言施报之理,使学生知不可虚受人惠。

本文

《诗》曰:"投我以桃,报之以李。"《曲礼》曰:"礼尚往来,往而不来,非礼也;来而不往,亦非礼也。"夫朋友之际,往来投赠,亦事之常耳。而犹思所以报之,况于患难之际,受人救护,困穷之时,受人扶持者乎? 一饭至微也,而韩信以千金报漂母①,是真英雄,岂有性情凉薄者哉!

格言:以德报德。

教授要义

(一) 往来投赠,为社会上必不可少之交际。施者固未必望报,

---

① 漂母:在水边漂洗衣服的老妇。

而受者则不可不图报。故曰:"投我以桃,报之以李。"言虽受人小惠,亦当有以报之也。

(二)有往必有来,有来必有往,礼之常经也。若我有所施于人,人不我报,是人之不知礼。反是言之,人有所施于我,我不图报,即为我之不知礼。故往来投赠,虽为交际上之常事,亦不可不思报之。

(三)患难之际,得人救护而安全;困穷之时,得人扶持而舒泰。是皆人之大德也,受之尤不可不报。

(四)韩信微①时,曾受漂母一饭之恩,既贵,乃报之以千金。英雄举动,自是不凡,盖其性情醇厚也。若在性情凉薄之士,或且视一饭之惠为微事而不报矣,是之为负恩。学者宜勉为英雄,慎勿为负恩忘德之人也。

(五)本课格言谓受人之德,即当以德报之,斯不为忘恩之人,故曰:以德报德。

备考

〔投〕酬赠也。 〔报〕答谢也。 〔往来〕我施于人曰往,人施于我曰来。 〔韩信〕汉之淮阴人,初贫甚,钓于城下,漂母怜而饭之。后从汉高祖立战功,取天下,封淮阴侯。乃以千金报漂母。 〔凉薄〕民俗浇漓无道德心也。

---

①　微:卑贱。

第二课　报德二

要旨

本课述李大亮与王珪之事，使学生知困难之际，受人之德，尤当图报。

本文

李大亮为李密①所获，同辈皆死，贼帅张弼②见而释之。及大亮贵，欲报其德，弼自匿不言。大亮遇诸途，识之，持弼而泣，悉推家资以遗之，弼辞不受。乃言于太宗，乞悉以己之官爵授弼，太宗③迁弼为中郎将。王珪少孤贫，人有馈遗，初无所让。及贵，皆厚报之。虽其人已亡，必赡恤其家。

格言：无德不报。

----

① 李密(582—619)：隋京兆长安(今陕西西安)人。降唐后，封邢国公。不久，反唐出走被杀。

② 张弼：隋末瓦岗农民军将领。后降唐，被授中郎将，后任代州都督等职。

③ 太宗：唐太宗李世民(599—649)，公元626—649年在位。

教授要义

（一）李大亮既为贼所执，自顾当无生理。张弼独释之，俾得不死，诚所谓生死人而肉白骨①者。

（二）大亮未贵时，非不欲报德也，特无机会可乘耳。及既贵之后，时机已至，报德之心遂益切。

（三）张弼之救大亮，非以市恩也，非欲图报也。故大亮既贵，欲报之德，弼终自匿不言。

（四）持弼而泣，悉推家资与之，大亮报德之旨达矣。弼仍不受，则在弼为不自伐②，然与大亮图报之意左矣。故大亮复言于太宗，乞悉以己之官爵授弼也。

（五）太宗迁弼为中郎将，仍命大亮居其故职。盖多③弼之不伐，而为大亮之能报德也。

（六）贫而受人馈遗，既贵而厚报之，本理之当然。若因施德者已亡，即置不报，是负恩也。王珪报死者之德，赡恤其家，诚可谓不负德者矣。

（七）本课格言谓人苟有德于我，无论大小，皆当有以报之，故曰：无德不报。

备考

〔李大亮〕洛阳人。隋末为庞王行军兵曹，李密寇东都，庞王

---

① 生死人而肉白骨：意谓让死人活过来，让白骨长出肉，比喻起死回生。
② 自伐：自夸其功。
③ 多：称赞。

战败,大亮被擒。张弼暗释之,故就执者百余人皆死,而大亮独免。唐有天下,大亮官至工部尚书。　　〔匿〕隐也。　　〔悉〕尽也。　　〔持〕抱也。　　〔家资〕家产及资财也。　　〔遗〕赠也。　　〔王珪〕字叔玠,唐之祁县人,太宗时为谏议大夫。　　〔孤〕幼而无父者之称。　　〔让〕辞谢也。　　〔亡〕死也。　　〔赡恤〕厚赠也。

第三课　爱群

要旨

本课言群己之关系,使学生知爱群之道。

本文

人生于世,无事不需社会之供给,是知离群而独立,必非人之所能也。人既不能离其群,则凡群之利害,即一身之利害矣。不能爱群,将何以存其身?孔子曰:"泛爱众。"盖谓此也。孟子告齐宣王曰:"老吾老,以及人之老;幼吾幼,以及人之幼。天下可运于掌。"墨子曰:"乱自何起?起不相爱。"又曰:"天下兼相爱,则治。"信斯言也! 爱群之道,实立国庇民之本也。

格言:爱人者,人恒爱之。

教授要义

(一)人生于世,以衣食住三者为必须之欲望。盖非此,则不足以生存也。然欲以一人之力而营是三者,势必顾此而失彼,是以不能不恃社会之供给也。

（二）人既无事不需社会之供给，则必一日不可离此社会。故曰：离群而独立，必非人之所能。

（三）群为个人之集合体，故个人与社会，有相维相系之道。不能爱群，即不能维持社会。不能维持社会，则相争、相逐、相贼、相杀，而人类且有灭亡之忧。孔子"泛爱众"一语，示人以爱群之道，盖欲维持社会安宁之秩序也。

（四）人人能推爱己之心以爱人，爱家之心以爱国，则天下不足治矣。故曰："天下可运于掌。"

（五）人不相爱，则或相忌焉，或相毁焉，或相争夺焉，或相排挤焉，于是相残相杀而祸乱作矣。故墨子谓："乱起于不相爱。"

（六）人能彼此相爱，则必互相提携，互相保护，互相敬让，互相规劝，而社会由是安宁，国家由是巩固，则爱群之道，非立国庇民之本乎？

（七）本课格言谓人能爱群，亦必受全群之爱护，故曰：爱人者，人恒爱之。

备考

〔泛〕广也。　　〔老吾老〕上一老字当作敬字解，下一老字作父兄解。　　〔幼吾幼〕上一幼字当作爱字解，下一幼字作子弟解。〔运〕转也。　　〔掌〕手掌也。　　〔信〕诚也。　　〔庇〕荫护也。

第四课　行恕

要旨

本课述韩琦行恕之事实,使学生知推己及人之道。

本文

韩琦官大名府,人有献玉盏一双者,表里无纤瑕,琦以百金报之。每宴客,特设一案,覆以锦衣,置玉盏其上。一日设宴,将酌酒以劝客,一吏误触案,案倒盏碎,座客愕然。吏伏地请罪,琦神色不变,顾谓吏曰:"尔误也,非故也,何罪之有?"夫玉盏虽贵物也,吏虽贱人也,爱物而罪人,使吾为吏甘受之乎?然使吾为韩琦,或又勃然不能自已矣,是谓不恕。

格言:强恕而行,求仁莫近焉。

教授要义

(一)玉以无瑕为贵,玉盏表里无纤瑕,其贵重可知。

(二)宴客时特设一案,覆以锦衣,始置盏酌酒。琦之珍惜爱护此玉盏,可谓至矣。

（三）吏触案而碎盏,事出意外,故座客愕然。盖讶①吏之不经意,而惜玉盏之被毁也。

（四）吏既碎盏,自料必受重谴,故伏地请罪。韩琦乃念其无心而不加呵责,是诚能以恕道待人者矣。

（五）己为吏则不甘受责,己为韩琦又不免责人,是以己之所不欲而施诸人者也。己所勿欲而施于人,是即不恕也。

（六）本课格言谓人能勉强由恕道而行,虽欲求为仁者,亦是不难。故曰:强恕而行,求仁莫近焉。

备考

〔恕〕己所不欲,勿施于人之谓。　　〔韩琦〕字稚圭,宋之相州人。历相两朝,英宗朝封魏国公,神宗朝卒,谥曰忠献。　　〔纤〕微也。　　〔瑕〕玉之病也。　　〔覆〕音否②,去声,盖也。〔酌酒〕存酒行觞也。　　〔误〕错误也,无心之过也。　　〔愕然〕仓卒③惊遽之貌。　　〔请罪〕自责也。　　〔故〕谓有意为之。〔甘〕愿也。　　〔勃然〕变色貌。　　〔已〕止也。

---

① 讶:惊讶。
② 覆:今音 fù。
③ 仓卒:亦作"仓猝"。

第五课　自治

要旨

本课言自治之必要，使学生知所检束。

本文

欲享自由之幸福，当具自治之精神。盖不能自治，即将受治于人，此必然之理也。

勇于自治之人，饮食卧起，修业游息，作事会友，皆有定时。在家守庭训，入学守校规。凡事皆有其一定不逾之限，终其身如服役于军队然，动定举止，无一出乎规则之外者。故能尽世事之困难者而摧锄之，若军人之战胜其敌也。彼散漫错乱者，是无纪律之军也，其败绩失据固宜。

教授要义

（一）人必有自治之能力，始有自由之资格。若徒慕自由，不能自治，则其作为必轶出于法律之外，而为野蛮之自由矣。野蛮自由，必受法律之干涉，是愈欲自由愈不自由也。

（二）饮食卧起，必有定时，则不至伤身。修业游息，作事会友，皆有定时，则不至荒业。

（三）在家常守庭训，则为佳子弟；入学必守校规，则为良学生。于是居家则为父兄所爱护，入学则为师友所欢迎，而家庭之乐，学校之乐，由是益裕如焉。

（四）动定举止，无一出乎规则之外，自治之严如此，一若极不自由矣。然能尽世事之困难者而摧锄之，非即因自治而得享之自由幸福乎？

（五）散漫错乱者，凡事皆任性行之，自以为自由矣，然一遇困难之事，即无力解决，是犹无纪律之军，一遇战事，即败绩失据也。

备考

〔幸福〕犹言厚福也。　　〔勇〕奋发也。　　〔庭训〕父母之训也。　　〔校规〕学校之规则也。　　〔逾〕越也。　　〔限〕界限也。　　〔服役〕受人使役之谓。　　〔摧锄〕排斥弃余之谓。〔败绩〕大败也。　　〔失据〕失所据之地也。

第六课　群之自治

要旨

本课述格兰斯顿出殡时之事实,使学生知群之自治不可不讲。

本文

自治非独一人有之也,一家有之,一国亦有之。格兰斯顿,英国名宰相也。其殡也,执绋者数万人,观者十倍之。乃自府第以达墓所,沿途寂然不闻人声,仅二宪兵、一警察随行而已。设我国遇此等事,必街市喧阗,人声鼎沸,而巡警之弹压,宪兵之巡逻,亦将不胜其劳矣。此无他,群之自治力薄也。

教授要义

(一)前课言教诸生以自治之道矣。夫个人能自治,则其身必修。推而言之,一家能自治,则其家必齐,一国之民皆注重自治,则其国未有不安宁,未有不趋于富强者也。故群之自治尚①已。

（二）贵显者有大故，最足引起社会之观感。格兰斯顿，生时功业卓著，为全国人所敬仰，则其既死而殡，尤足振动全国之观瞻②。

（三）执绋者数万人，观者十倍之，可谓空前绝后之盛举矣。人喧马阗，本意中事，乃沿途绝无人声，且宪兵与警察亦无所用之，英国人之自治能力，诚可敬哉！

（四）吾国旧俗，每值迎神赛会③等事，即觉街市喧阗，人声鼎沸矣。倘遇数十万人争观之盛举，则虽有巡士弹压，宪兵巡逻，恐亦难免拥挤叫嚣之习也。群之自治力薄弱若是，欲其享自由之幸福得乎？

备考

〔格兰斯顿〕英国人，西历一千八百六十八年为英相。　〔殡〕送葬也。　〔绋〕棺索也，执绋谓引棺索使前也，今称送殡曰执绋。〔府第〕谓格兰斯顿之家。　〔墓所〕墓地也。　〔喧阗〕语声大曰喧，行声大曰阗。　〔鼎沸〕谓人声之嘈杂，若鼎中沸水声也。　〔弹压〕防止非为也。　〔巡逻〕巡查也。

---

① 尚：尊崇，崇尚。
② 观瞻(zhān)：观赏，瞻望。
③ 迎神赛会：旧俗把神像抬出庙来游行，举行祭会，以求消灾赐福。

第七课　商业道德

要旨

本课言商业道德之大要，使学生知经商者别有当修之道德。

本文

处商战之时代，欲期商业发达，受各界之欢迎者，其惟经商之人各修商业道德乎？所谓商业道德者，不以伪乱真，不饰窳为良，不以贱售昂。对于售客，容必和，意必诚。对于同业者，有正当之竞争，无或排挤人以自利。如此，则信用扩张，营业不患不发达矣。中国人向贱视商人，诋为奸商，目为贱贾，固由社会之误解，亦由商人道德不修，有以召之也。今五洲大通，国以商战，凡我商人不可不自省矣！

教授要义

（一）方今环球交通，国家之势力，恒视经济竞争之胜负以为断，诚商战最剧烈之时代也。当此时代而不求商业发达，国又何以自存哉？

（二）欲求商业发达，当先使各界重视商人。欲各界重视商人，必经商者皆能修商业道德而后可。

（三）以伪乱真，饰窳为良，一时虽可掩人耳目，终必为人所辨析，于是信用失而名誉丧，虽有真者良者，人亦疑之而不屑售矣。至若以贱售昂，尤足以裹购者之足，非推广营业之道也。

（四）以和容对人，则售客自悦；以诚意待人，则售客自信。

（五）商品之精良，价值之廉平，务求超过于同业，是谓正当之竞争。若心怀嫉妒，力肆排挤，损人以利己，虽能侥幸于万一，终必自堕信用而趋于失败之地位也。

（六）奸，恶名也。贱，卑位也。以"奸""贱"二字，加诸商贾之身，未免过当。然商人苟洁身自好，不为奸诈卑劣之行为，则社会之误解，自能消灭，而国民心理，亦日趋于商业竞争。夫然后与五洲各国角逐于商战之场，而不虞①天演之淘汰矣。

备考

〔商业道德〕谓营商业者应守之道德。　〔商战〕谓以商业相竞争也。　〔各界〕政、学、军、警、农、工、商之总称。　〔经商〕谓经营商业。　〔伪〕假也。　〔饰〕装饰也。　〔窳〕粗劣之品也。　〔贱〕低值之物也。　〔昂〕贵价也。　〔同业〕谓与我营相同之职业者。　〔诋〕骂也。　〔召〕自取之。

---

① 不虞：不忧虑，不担心。

第八课 工业道德

要旨

本课言工业道德之大要,使学生知营工业者,亦有当修之道德。

本文

吾人生活之所需,出于工业者甚多。工也(业)者,以其劳力变化天产物之形状,而增加其适用之度者也。欲工业之发达,必先得社会之信用;欲得社会之信用,则当先慎乎工业道德。勤劳节俭,专一忍耐,皆工业之美德也。勤劳,则无废事;节俭,则无废材;专一,则技精;忍耐,则业成。凡此皆欧美各国之工业家所恃以战胜于世界者也。我国物产之博,冠绝大地,而工艺窳陋,岁辇生货①以易人之制造品,不亦耻乎?

教授要义

(一)吾人日用之所需,除天产之农作物外,无不待工而成。

---

① 生货:未经加工的土产品。

（二）工业发达，斯适用之品多，商业缘是而振兴，文化由是而益美。

（三）勤劳、节俭、专一、忍耐，四者缺其一，即不成为完全之美德。行其一而去其三，则收效鲜；一之不能行，则艺术拙劣而为社会所鄙弃矣。

（四）欧美各国之工业家，恃其美德，遂战胜于世界。我国工业家，以不注意于当修之道德，遂失社会之信用。工业道德之关系若是其巨也，营业者可不勉哉！

（五）我国物产之博，既冠绝大地，则工业亦应随之而发达矣。乃以营工业者不能修其道德，遂至工艺窳陋而无进步。由是国货日益停滞，而舶来品转充牣①于全国。利源外溢，莫此为甚。且外人以贱价购我之生物，一经制造，即可悬昂值以售诸我，而我终无抵制之方法，岂不可耻乎？欲雪斯耻，惟有先慎乎工业道德耳。

备考

〔生活〕生存也。　〔需〕应用之物也。　〔天产物〕天然所生之物，如动植矿各物是也。　〔信用〕谓信实之效用，简言之曰信用。　〔勤劳〕谓勤动而不畏劳。　〔节俭〕谓节省而崇俭。〔专一〕专心于一艺也。　〔忍耐〕坚忍而能耐也。　〔冠〕盖也。　〔窳陋〕粗劣也。　〔牣〕载也。

---

① 充牣(rèn)：充满。

第九课　恤仆役

要旨

本课述陶潜、李沆恤下之事，使学生知仆役之宜爱恤。

本文

晋陶潜为彭泽令，不以家累自随，送一力给其子，示以书曰："汝旦夕之费，自给为难，今遣此力助汝薪水之劳，此亦人子也，可善遇之。"宋李沆为相时，有仆遁金数十遁^①去。仆有女十岁，自书一券系于带，愿卖于沆以偿焉。沆大恻然，嘱其夫人曰："愿如己子育之。"及笄，为择婿，具奁归之。后仆归，感佩刻骨。沆病，仆夫妇往事之。沆卒，为服缞经三年，以报之。

教授要义

（一）为令而絜眷属，则易旷公务，故陶潜不以家累自随。

---

① 遁：逃。

（二）整理家务，为吾人之本职。然必事事躬亲，则势必不能兼顾。盖人皆有一定之职业，不能舍其恒业而专理琐屑之家务也。故用仆役以助劳，在所不免。陶潜遣力给其子，亦此意耳。

（三）为人亲者，无有不爱其子者也。故凡所以体恤其子者，无所不至。若不幸而生计艰难，无以抚育其子，至使子为人役，为父母者已自悲矣。若使令仆役者，更不善遇之，则其父母之痛悼又何如乎？推而言之，为人子者，无不思常依父母之膝下，而享天伦之乐者也。不幸而为生计所迫，别父母离乡井而自食其力，以其所以事亲者事人，人生至此，已难堪矣。为之主者，顾①可不善遇之乎？

（四）同是人子也，己以父之荫而使令仆役，人则舍其父母而为我仆役。处境不同，地位遂异，然人心固无不同也。陶潜示其子之言，欲其子推己及人，体恤斯仆也。

（五）逋金遁去，固为仆之负主，而十龄幼女，愿卖身偿父所逋，亦可哀矣。此李沆之所以恻然怜之也。

（六）仆女本以偿父逋而卖身于沆，沆乃育之如己子，既为择婿，复具奁赠焉。是沆之所为，直可谓以德报怨②矣，岂特体恤仆人而已哉！

（七）仆夫妇受沆厚惠，无力答报，故沆病则往事之。沆死，则为服三年之丧。

备考

〔陶潜〕字渊明，一字元亮。在官八十余日，即归隐于浔阳紫芝

---

① 顾：却，反而。
② 以德报怨：德，恩惠；怨，仇恨。不记他人之仇，反回报其好处。

之栗里。门栽五柳,自号五柳先生。　〔彭泽〕今江西彭泽县。
〔家累〕谓眷属也。　〔力〕仆人也。以其劳力而供使令,故曰力。
〔给〕与也。　〔自给〕自备也。　〔薪水之劳〕谓采薪汲水之
劳,约言之即琐事也。　〔李沆〕字太初,太原人。宋太宗时登进
士,真宗朝拜相,卒谥文靖。　〔逋〕欠也。凡欠负官物亡匿不
还,皆谓之逋。　〔券〕契据也。　〔偿〕还也。　〔恻然〕不
忍之貌。　〔笄〕簪也。《礼·内则》:"十有五年而笄。"言女子十
五岁而行成年之礼也。　〔奁〕妆奁也。　〔缞绖〕以麻为之,
丧服也。

第十课　爱物

要旨

本课述高柴及田子方爱物之事,使学生知生物之当爱惜。

本文

孔子之弟子有高柴者,性仁慈,启蛰不杀,方长不折。孔子亟称之。夫动植各物,与人同生于天地之间,同具生活之机能,其好生恶死之性,无以异于人也。故苟非害人之物,人即当爱护之。所谓亲亲而仁民,仁民而爱物也。田子方出,见老马于道,问御者曰:"此何马也?"曰:"故公家畜也,罢而不为用,故放弃于野。"田子方曰:"少尽其力,老弃其身,仁者不为也。"束帛而赎之。孟子曰:"仁者,无不爱也。"其高柴之谓乎? 若田子方可谓泽及禽兽矣。

教授要义

(一)生性仁慈者,以博爱为主。高柴之启蛰不杀,方长不折,可谓仁矣。故孔子亟称之。

（二）凡天地间具有生机之物，莫不好生而恶死，不独人类为然也。人苟能推其好生恶死之心，以爱惜万物，斯不愧为万物之灵。惟害人之物，则必设法划除之，俾①不至伤人，此皆仁者之所为也。

（三）马老则力衰，不足以服乘，故公家弃之于野。然马方壮时，固尝为公家尽力矣。利其力而养之，力尽而弃之，抑何忍哉？

（四）田子方以马之有功于公家，不忍见其弃于野，故束帛而赎之。然此马初未尝为田子方尽力也，子方不惜其帛而赎之，谓非泽及禽兽者乎？

备考

〔高柴〕齐人，字子羔。尝仕鲁为成邑宰，后又仕卫。　〔启蛰〕言始发蛰也，百虫至冬而蛰伏，春日始启蛰。　〔方长〕言当草木生长之时。　〔呕〕偻也。　〔机能〕机体与能力也。　〔亲亲而仁民，仁民而爱物〕孟子之语。　〔田子方〕周时贤人，魏文侯之师也。　〔御者〕驾车之人。　〔公家〕官署也。　〔罢〕音皮，困疲也。　〔放弃〕放而弃之也。　〔泽〕恩泽也。

---

① 俾：使。

第六册

第二学年第三学期

第一课　慈善事业

要旨

本课言赒恤之道，使学生知济人困厄，亦吾人分内之事。

本文

人莫不欲享安乐而去危苦，然以遭遇之不同，人事之变迁，往往有陷入危苦之境者。若鳏寡、孤独、贫病、废疾之流，皆民之穷而无告①者也。分财以济之，量力而助之，谓之慈善事业。欧美之人，对于慈善事业，莫不尽心力而为之。善堂也，善会也，孤儿院也，贫民病院也，贫民学校也，公众图书馆也，林立于国中。故颠连无告之民，皆得自存于斯。世虽遇水旱疾疫，亦无流离失所之虞。还观我国，则何如？呜呼！同国之民，犹不能相收恤也，其能无为外人所笑乎？

格言：乐善不倦。

---

① 　无告：无处诉苦。

教授要义

（一）安乐，人之所欲也；危苦，人之所恶也。趋安乐而舍危苦，其人之同情欤！虽然，贫富贵贱，穷达寿夭，人生之遭遇有不同者矣。死亡疾疫，水旱刀兵，人事之变迁有难料者矣。夫是以世人之陷于危苦之境者，比比然也。

（二）鳏寡、孤独、贫病、废疾者流，日处于危苦之境，而不能自拔，势必死亡枕藉①，转乎沟壑②而后已。苟有人分财而济之，量力而助之，则足以稍纾③其困厄，而免于死亡。为此事业者，其宅心④慈，其行为善，故曰慈善事业。

（三）善堂也，善会也，孤儿院也，贫民病院也，贫民学校也，公众图书馆也，皆谓之慈善事业，所以济无告之穷民者也。欧美之人，对于此类事业，恒尽其心力而组织之。故颠连无告之民，赖以自存，虽遇水旱疾疫，亦不至流离失所，可谓美矣。

（四）我国之为慈善事业者，虽亦不乏其人，而大都敷衍从事，未肯力求实际。且必于水旱疾疫已发生后，始筹补救之策。由是无告之民，或填沟壑，或为盗贼，盖因无人赒恤其危苦，而至于若是也。

（五）外人对于慈善事业，莫不热心从事，而我国人则漠然视之，是自弃其同胞也。欲不贻笑于外人，其可得乎？

（六）本课格言谓人当乐行慈善事业，以济斯民之疾苦，不可暇息，致斯民日陷于死亡。故曰：乐善不倦。

---

① 枕藉（jiè）：纵横相枕而卧。
② 沟壑（hè）：溪谷，引申为野死之处。
③ 纾（shū）：舒缓，解除。
④ 宅心：居心，存于心中。

备考

〔危苦〕危险与困苦也。　　〔鳏寡孤独〕老而无妻曰鳏,老而无夫曰寡,幼而无父曰孤,老而无子曰独。　　〔废疾〕残废之疾也。〔济〕赒救也。　　〔孤儿院〕养育孤儿之公院也。　　〔贫民病院〕专治贫民之疾,而不取其资,故曰贫民病院。　　〔贫民学校〕教授贫民子弟,而不收其学费,如中国旧时之义塾然。　　〔公众图书馆〕搜集各种图书,听人入内阅看,不取其费。　　〔林立〕谓其数之多有若树林。　　〔颠连〕颠沛频仍之意。

第二课　输财助边

要旨

本课言卜式输财助边之事,使学生知国家有事,当牺牲家财,以济国库。

本文

汉卜式,河南人,业牧畜致富,屡分田产与其弟。时汉与匈奴构衅,式上书,愿输家财之半助边。武帝使人问式:"欲为官乎?"式曰:"自少牧羊,不习仕宦,不愿也。"使者曰:"家岂有冤,欲言事乎?"式曰:"式生与人无所争。邑人贫者,贷之;不善者,教之。所居人皆从式,式何故见冤?"使者曰:"苟如是,子何欲而然?"式曰:"国家诛匈奴,愚以为贤者宜死节①,有财者宜捐输,如此,则匈奴可灭也。"武帝以式为长者,召之,拜为中郎②。

---

① 死节:为保全节操而死。
② 中郎:官名,郎官之一种,为皇帝近侍官。

教授要义

（一）人无有不爱其身者，亦无有不爱其家者，然欲使身家安乐，必赖国力之保护。倘边疆多故，国帑①空虚，则民政难求整饬，国力因而不振，于是人民将间接受其影响，而身家且难久保安乐。此卜式所以输财助边，盖爱国即所以爱家也。

（二）武帝以卜式之输财助边，实为人民之创举，疑其有所图而为之，故使人问其所欲。

（三）仕宦，人之所欲也，而卜式不愿为，使者不能无疑，故有家岂有冤欲言之问。

（四）贤者能死节，有财者能捐输，则民心固而财政舒，由是国力自厚，国势自振，匈奴又何足平哉？武帝深善其言，故召之拜为中郎。

（五）今我国家财用匮矣，外侮深矣，爱国者莫不忧之。然苟能如卜式所云贤者死节，富者输财，全国之人，恒以国家为前提，则国势又何患不振？是在国民之好自为之耳。

备考

〔构衅〕谓开战争之端也。 〔输〕捐助也。 〔边〕边寨也。 〔习〕学习也。 〔冤〕屈也。 〔贷〕借也，谓以钱物借于人也。 〔诛〕杀伐也。 〔长者〕忠厚之称。

---

① 国帑(tǎng)：国家的公款。

第三课　军国民

要旨

本课言军人之任务,使学生知军国民之道德,尤当注意。

本文

保国内之安宁,御强邻之侵侮者,其惟军人乎? 全国人民之生命财产,莫不赖其保护,而国家亦于是托命焉,军人之责可谓重矣。凡为军人者,当具爱群心,尤当具爱国心。无事之日,则服从命令,遵守纪律。一旦有战争,则奋勇争先,却敌卫国。苟不能胜,则宁以马革裹尸而归。如是,庶①足张祖国之威,挫强邻之气,不愧军国民之称号矣!

教授要义

(一)国家岁縻②巨帑以养兵,人民共纳赋税以食③兵,果何为

---

① 庶(shù):将近,差不多。
② 縻:通"靡""糜",花费。
③ 食(sì):通"饲",养。

乎？为欲谋国内之安宁，免强邻之侵侮也。故国人之生命财产，全赖军人之保护，而国家亦托命于军人，军人之责诚重矣。

（二）粮饷也，军装也，无一不出于国帑，即无一非我民之脂膏也。既衣食吾民之脂膏，则保爱同族，扞卫国家，皆军人应负之责任也。

（三）命令，军人之体魄也；纪律，军人之精神也。不遵命令，即弃其体魄也；不守纪律，是丧其精神也。人未有舍其体魄与精神，而能自存者，则军人亦未有舍其长上之命令与军队之纪律，而能自立者也。

（四）国家有战事，正军人尽职之时，奋勇争先，却敌卫国，皆军国民分内之事。若不幸而为敌所制，亦惟有誓死报国，舍生取义，以全军人之天职耳。

（五）今我国国威不振，列强环顾，莫不思攘我利权，侵我土地。尤望有勇武爱群之军国民起而御之，奠国基于盘石之安也。

备考

〔御〕抵制也。　　〔赖〕凭借也。　　〔托〕寄托也。　　〔责〕责任也。　　〔具〕备也。　　〔命令〕军中长官所发之令也。〔纪律〕军中所定之各种规则也。　　〔却〕退也。　　〔马革裹尸〕汉时马援之语，谓死于战场，以马皮裹其尸也。　　〔挫〕折服也。

第四课　我国民族

要旨

本课言五族共和之美德，使学生知本国民族之当亲爱。

本文

中华民国以五大民族组织之，汉、满、蒙、回、藏是也。今世界，惟广土众民为能自存。我国拥万里之广土，人口之众甲于世界，隐然①为各强国之所畏者，五族共和之赐也。今世界各国，固有以各种族之权利义务不能平等，而时起阋墙之争者矣。以视我之合五族为一家，共谋幸福者何如！言念及此，我国民不可不弥深亲爱之情也。

教授要义

（一）国家之能自立于世界，全恃有强毅敦睦之民族，共谋政治

①　隐然：隐约，仿佛。

之进行,共使利权之发展耳。故国土广而民族衰,则有侵略之忧。我国疆土辽阔,民族发达,欲谋自强,固甚易也。

(二)我国自君主专制政体,一改而为民主立宪,民权日益发达,国政日趋完善,皆五大民族齐心赞成共和所致也。故五族人民之权利义务,一是平等,彼此敦睦,俨然合为一大族焉,是诚足使列强所畏者也。

(三)因种族而分畛域①,不使平等,最易肇生祸乱。此世界各国所以有操同室之戈,而自弱其民族者也。若我国之合五族为一家,消除猜忌,共谋幸福,诚致治之良规也。

(四)诸生当知汉、满、蒙、回、藏之五族,在昔因各有其国土,分而不合,故遂各私其族。自满清执政,五族之土地,合而为一国,于是五族杂处,久已不分畛域矣。惟处于专制政体之下,人民之权利义务,未能一是平等。自共和告成,五族合一。而今而后,名称上虽有五族,其精神则混而为一,已合全国人民为一大民族矣。我国有若是其大之民族,共谋国家之幸福,岂不休②哉!国民乎,其可不以至亲爱之热忱,相维相系此大民族乎?

备考

〔汉族〕居于内地十八省③者最多。　　〔满族〕居于东三省者为多。　　〔蒙古族〕居于内外蒙古者为多。　　〔回族〕居于新疆

---

① 畛域:界限。

② 休:美,善。

③ 内地十八省:旧时称清代汉族的主要居住区为内地十八省,包括:江苏、浙江、安徽、江西、湖北、湖南、四川(包括重庆)、福建(包括台湾)、广东(包括海南)、广西、云南、贵州、直隶(包括北京、天津两市,河北中、南部地区和河南、山东的小部分地区)、河南、山东、山西、陕西、甘肃。

者最多,陕甘次之,内地又次之。　　〔西藏族〕居于前后藏及青海者为多。　　〔甲〕凡物首出群类曰甲。　　〔阋墙〕斗狠于同室也。　　〔弥〕益也。

第五课　法律一

要旨

本课言法律之效用,使学生知法律与人生之关系。

本文

西儒①有言曰:"人生息于法律之中。"盖法律者,所以维持社会之安宁,保护人类之自由者也。是故有国必有法。渔猎之群,游牧之世,生事②至简,民情淳朴,犹不能无法也。况于广土众民,人智日开,智愚强弱相去愈远者乎?此而无法,则强凌弱,众暴寡,智欺愚,勇苦怯,无所不至矣,尚何以自存哉?

教授要义

(一)人类惟相生相养,相扶相助,而后足以自存。然人之秉

---

① 西儒:旧时称欧美的学者。
② 生事:生计,谋生的方法。

性,各各不同。强者务伸张,而其欲难餍;弱者求保守,而其力难胜。设定限于强与弱之间,以不侵人之自由为伸张之界限,以不失己之自由为保守之藩篱,此即所谓法律也。

(二)无法律则人各任性而行,将猜忌仇杀,扰攘无定。强者日思杀戮以为豪,弱者如避虎狼以自匿。于是无团体,无社会,不能营其共同之生活,而人类且将澌灭①而无存。故曰:人生息于法律之中。又曰:有国必有法。

(三)渔猎之群,游牧之世,虽无法律之名称,然已有法律之渊源肇②其间。故能维持其社交,俾得营共同之生活。愈推愈广,日渐进化,以有今日。

(四)强凌弱,众暴寡,智欺愚,勇苦怯,皆足以扰乱社会之秩序,侵犯人类之自由者也。有法律以限制之,斯能免其扰攘,而趋于安宁,法律之功用诚大矣。

备考

〔渔猎〕捕鱼及田猎也。太古之时,人民以渔猎为生。 〔游牧〕逐水草而居,以畜牧为生活之谓也。 〔简〕略也。 〔淳朴〕敦厚而诚实也。 〔凌〕欺凌也。 〔怯〕弱也。

---

① 澌(sī)灭:消亡,消灭。
② 肇:开始。

第六课　法律二

要旨

本课言法律之性质,使学生知立宪国民以遵守法律为天职。

本文

法律有公法、私法之别。公法者,规定国家与人民之关系者也。私法者,规定私人与私人之关系者也。所谓公法者,宪法、行政法、刑法、诉讼法是也。所谓私法者,民法、商法是也。政府与国民,皆在法律范围之中,皆当遵守法律,此立宪国之所以异于专制国也。若恃其强悍,思轶出于法律之外,又或恣为奸巧,谋作弊于法律之中,不徒非道德所应出也,终必受法律之制裁,丧失其权利名誉而后已。是非徒仁者所不为,抑亦智者所不肯出也。

教授要义

(一)凡立宪之国,其政府与国民,无事无时,不在法律之中。故其制定之法律范围甚广,条件甚繁。曰公法,曰私法,乃其总称也。

（二）宪法者，规定主权所在（我国为民主立宪国，主权在乎人民）及其作用（即立法、司法、行政三权），以及国民之权利义务之法律也。行政法者，规定一切行政事宜之法律也。刑法者，规定某种行为有罪，某罪为当某刑之法律也。诉讼法者，关于诉讼事件及非讼事件之法律也。凡此皆称公法。

（三）凡人民与人民之关系，皆规定于民法之中。商务关系至繁，故特别规定商法以维持之。此皆所谓私法也。

（四）所贵乎立宪者，贵乎有法律之精神也。若逞强而违法，或借法以营私，非特道德扫地，抑亦法律之罪人矣。既为法律之罪人，即难幸逃法律之制裁。是故不守法律之举动，仁者不屑为，智者亦不肯为也。

备考

〔规定〕规画一定之谓。　〔范围〕谓模范围绕之也。〔悍〕猛也。　〔轶〕越也。　〔恣〕任意也。　〔弊〕恶也，不正当之行为也。　〔制裁〕惩罚之意。　〔仁〕有德者之称。　〔智〕有识者之称。

第七课　国民之义务

要旨

本课言立宪国民应尽义务之理由,使学生知国民义务不可放弃。

本文

西谚有之：不出代议士,不纳租税。今我既为共和国民,则纳税与当兵实应尽之义务矣。立国家以自利也,国家一切设施,皆所以利民者也。利之费,民顾吝之可乎？此国民所以有纳税之义务也。保境内之治安,防境外之侵扰,内忧平,外患息,国基巩固而国民之幸福亦与之无穷,则军人之责也。保国家以自保,而民顾吝其力可乎？此国民所以有当兵之义务也。

教授要义

（一）凡立宪之国,莫不尊重民意。代议士者,民意之代表也。若无代议士,即为专制独裁政体矣。独裁政体,往往违抗民意,抑制民权，其人民不得享自由之幸福，故亦不愿为之尽义务也。

（二）我国自政体①改革以来，有国会以代表民意，则纳税与当兵之义务，固吾民所当担任者也。

（三）国家一切设施，所以利国，实即所以利吾民也。然一切设施，全恃经费为之主，经费之所从出，租税是也。吾民纳租税于国家，国家即用之以利民，是纳税仍以自利。若吝而不纳税，则国家一切机关，皆将因此停滞，而国民亦无以自立矣。

（四）匪徒内讧，强邻外逼，皆足动摇国基，侵夺吾民之幸福。由是不得不防之于事前，御之于临时，而任此防御之责者，军人也。军人尽其力以保国家，国民即因之而安宁，是保国家即以自保也。故当兵义务，亦为立宪国民所应担任者也。

备考

〔义务〕名义上应为之务也。　　〔西谚〕西人之俗语也。〔代议士〕谓国会议员。　　〔吝〕啬也。　　〔内忧〕国内之乱事也。　　〔外患〕外人侵扰之患也。

---

① 政体：国家政权构成的形式，如君主立宪、民主共和等。

第八课　国民之权利

要旨

本课言国民权利之大概,使学生知立宪国民应得之权利。

本文

国民权利,有公权、私权之别。公权之大纲有四:曰选举议员,曰被选举为议员,曰受任命为官吏,曰为公民。私权之大纲有二:曰人身权,曰财产权。凡公权、私权,皆受法律之保护者也。权利与义务相待而后生,故欲享权利,必先尽义务。若知争权利而不知尽义务,则权利亦必不可得矣。

教授要义

(一)前课尝教诸生以国民应尽之义务矣。义务者,权利之代价也。故能尽义务,即有应享之权利。

(二)公权者,为公众所付与,关于公众事业之权也。私权者,以私人之资格,行使其个人所得之权利之谓也。此皆为法律之所规定,故皆受法律之保护者也。

（三）有权利必有义务,故不尽应尽之义务,即不能享应得之权利。世有热心权利之徒,置义务于不顾,而日从事于权利竞争者,是谓违法举动。违法举动,必受法律之干涉,至是虽欲保存其权利,不可得矣。

备考

〔大纲〕大端也。　　〔公民〕有完全之公权者曰公民,否则曰住民。　　〔人身权〕谓保护吾人生命及身体与名誉之权。〔财产权〕谓自由处置此财产之权。

第九课　法律之制裁

要旨

本课使学生知立宪国民当受法律之制裁。

本文

　　凡违背法律者,于律有应受之责,国家得以强力执行之,所谓法律之制裁也。法律之制裁凡四:一曰刑事制裁,二曰民事制裁,三曰行政制裁,四曰警察制裁。举一国之民,皆循循于法律之中,而莫或敢轶乎其外。有轶乎其外者,法必加焉。此社会之安宁秩序所由维持,而个人之自由幸福所赖以保存也。然人人当受法律之制裁,而莫或敢于法律之外加人以迫害,此则文明国法律修明①,所以异于野蛮之国也。

教授要义

　　(一) 法律为立宪国之精神,其价值之尊贵,犹神圣之不可侵犯

———————

　　①　修明:昌明,清明。

者也。然法律所以能永永保存其尊严，不至为外人所玩愒①者，有一特别之势力焉，即法律之制裁是也。

（二）凡人民行为有犯刑事上规定之法者，即当受刑事之惩罚，是谓刑事制裁。人民与人民，因事争讼而不涉刑事范围者，则司法者依据关于民事各种之条件执行之，是谓民事制裁。至若设立各种行政机关，执行政事，各守其职，无其责者不得越俎②而为之，是谓行政制裁。办理警察，防止各种之危害，是谓警察制裁也。

（三）野蛮之国，执行惩罚者，往往有残酷过甚之举动，盖法律不修明故也。若法律修明之国，无事不遵法而行。法律之制裁，人共守之。若执行者于法律外加人以迫害，即自居于受惩罚之地位矣。此法治国之所以为文明也。

备考

〔制裁〕限制而裁正之之谓也。　〔责〕惩罚也。　〔执行〕谓执应行之法而行之。　〔循循〕有秩序之貌。　〔迫〕逼也。

---

① 玩愒（kài）：旷废时日。此似指玩弄，不敬畏。
② 越俎（zǔ）：越俎代庖的省文。越，超出；俎，祭祀时盛祭品的器具。厨师不在，司祭也不能放下祭品替他下厨房。比喻超出自己职务范围去处理别人所管的事。

第十课　法律与道德之关系一

要旨

本课言法律与道德之关系，使学生知谨守道德者即无犯法举动。

本文

法律者，所以制裁人民之行为者也。道德者，所以维持众人之心术者也。故法律为行为之规则，道德为心术之规则。以道德与法律相衡，则道德之范围为大。举凡法律之制裁，莫不包乎道德之中，而法律所不及制裁者，道德且能从而制裁之。惟法律之制裁，有所谓强制执行者。道德则崇奉与否，一听人之自由而已。此社会之所以不能有道德而无法律也。然我等身受教育之人，则固当谨守道德，而无俟法律之制裁矣。

教授要义

（一）道德正人事之未然，使一切人民生砥砺①心。法律制人事之已然，使犯罪之人生恐惧心。是道德之效力，遍及乎各种人民，而法律之效力，只及乎特定之人。其范围有广狭之分，然勉人为善则一也。

（二）道德恒期人之为善而引导之，法律恒恐人之为不善而防止之。道德为淑善各别之人，初不嫌其求备。法律为维持共同之社会，则取其足以维持而止。故道德所斥之为恶者，往往为法律所不能绳。如犯罪只论行为，不论意念，乃其例也。

（三）道德之范围既大，能包括一切法律，遍及各种人民，则存道德而废法律可乎？曰：不能。盖法律能强制执行，其生效力也自易；道德但听人崇奉，其生效力也必难。故社会不能有道德而无法律也。

（四）法律本为无道德者而设，若人能谨守道德，法律即无从制裁之。今诸生既身受道德教育，固当随事随时以道德自勖②也。

备考

〔行为〕谓事之见诸实行者。　　〔心术〕为蓄于胸中之事也。〔衡〕比较也。　　〔崇奉〕敬而奉之也。　　〔俟〕待也。

---

① 砥砺：磨刀石，引申为磨砺、锻炼。
② 勖（xù）：勉励。

第十一课　法律与道德之关系二

要旨

本课言法律当与道德并行，始获美果，以坚学生向道之心。

本文

遵守法律者，未必皆有道德之人。而有道德之人，未有不遵守法律者。是故国民道德之心厚，则法律之效果易生。国民道德之心薄，则法律施行之阻力必多。日儒之言曰："吾辈从事法学，当发挥社会之道德，尤当养成众人之道德心。"由此观之，法律之与道德，诚有密切之关系矣。吾侪国民既立身于法律之中，安可不尽力于道德，以促进自由幸福乎？

教授要义

（一）无道德之人，亦有惧法律之制裁，而不敢为犯法之举动者,然其心术不良,惟以苟免①为幸。岂若富于道德者之一举一动,恒有检束。遵守法律,有不期然而然者乎?

（二）国民道德之心厚,则不期守法而自纳身于法律之中。国民道德之心薄,则苟免无耻者多,虽有法律之制裁,犯之者仍累累也。此道德与法律之所以不能不并重也。

（三）发挥社会之道德,与养成众人之道德心,皆所以维持法律,使之收良美之效果也。从事法律者,苟能尽存是心,努力进行,则法治之精神自振,而国安民乐,幸福无涯矣。

（四）诸生乎,吾侪皆法治国之国民也。既为法治国之国民,即当共同维持法治之精神;欲共同维持法治之精神,当共尽力于道德。举一国之人,置其身心于道德之中,斯有真幸福,斯为真自由。吾愿诸生皆深体此言而能力行之也。

备考

〔效果〕见第三册第八课。　　〔薄〕弱也。　　〔阻力〕谓阻止事实进行之能力,简言之曰阻力。　　〔日儒〕谓日本之儒者。〔发挥〕发越挥散也。　　〔密切〕亲切之意。　　〔吾侪〕犹言我辈。

---

① 苟免:苟且求免,只图眼前免于祸害。

第七册

第三学年第一学期

第一课　好学

要旨

本课言圣人不外乎好学，使学生知为学之不可以已。

本文

孔子曰：“十室之邑，必有忠信如丘者焉，不如丘之好学也。”又曰：“我非生而知之者，好古，敏^①以求之者也。”子贡问于孔子曰：“夫子圣矣乎？”孔子曰：“圣则吾不能，我学不厌而教不倦也。”子贡曰：“学不厌，智也；教不倦，仁也。仁且智，夫子既圣矣。”《书》曰：“惟圣罔念作狂，惟狂克念作圣^②。”西儒曰：“愚与智，其初常为最近之分歧。”所以然者，学为之也。孔子大圣，而其勤于为学犹如此，人可不以学自勉哉？

格言：好学近乎智。

---

①　敏：勤勉。
②　惟圣罔念作狂，惟狂克念作圣：语见《尚书》。《尚书孔氏传》：“惟圣人无念于善，则为狂人；惟狂人能念于善，则为圣人。”

教授要义

（一）以十室之小邑，即有忠信若圣人之材，可知天下之大，具有圣贤之质者多矣。然圣贤不世出[①]者，由于好学者之不数觏[②]也。人顾可自恃天资优美而不致力于学乎？

（二）曰必有忠信如丘，曰不如丘之好学，惜人之自弃其美质，而不能为圣人之徒也。曰非生而知之，好古敏以求之，勉人无以资质之鲁钝，自封其入道之路也。圣人之训人为学，诚可谓循循善诱矣。

（三）学者众矣，然或作或辍者有焉，一得自封[③]者有焉，见异思迁者有焉，中道而废者有焉，功亏一篑者有焉，是皆学而生厌者也。学而厌之，欲求进步得乎？

（四）学之不厌，则德日新而业日精，故曰智。诲人不倦，则教育昌而人材富，故曰仁。

（五）狂之与圣，相去远矣。然具圣人之质，而不能立志学为圣人，则终为狂人而已。以狂人之材，而能致力于圣人之所为，则亦圣人而已。为狂为圣，一转念之间而各异者，好学与不好学之别耳。

（六）愚而好学，则益其智；智而不好学，则转而为愚。故曰愚与智，其初常为最近之分歧。

（七）本课格言谓人能好学，虽愚者亦将变而为智，故曰：好学近乎智。

---

① 不世出：即很罕见的人或事。
② 觏（gòu）：遇见。
③ 自封：把自己拘限于一处，不求上进。

备考

〔十室之邑〕小邑也。　　〔忠信〕中心为忠，不欺为信。
〔敏〕速也。　〔厌〕恶也。　〔倦〕懈怠也。　〔狂〕下愚之
意。　〔罔〕无也。　〔克〕能也。

第二课　切问

要旨

本课言切问之益,使学生知求学以多问为贵。

本文

《书》曰:"好问则裕,自用①则小。"问与学,相须而成者也。故孔子至圣也,犹问礼于老聃,问乐于苌弘,问官于郯子。孔文子不耻下问,则亟称之。问之不可以已也如此。谚有之:智者千虑,必有一失;愚者千虑,必有一得。言智之不足恃②也。岂惟智之不足恃哉?生有涯而知无涯,天下之事理为吾人所未知未穷者何限?不能知而耻于问焉,斯终于不知矣。一知半解,自诩聪明,岸然欲以骄人,而人方笑其自用之小也,可不儆乎?

格言:以能问于不能,以多问于寡。

---

① 自用:只凭主观意图行事,不虚心向人求教。
② 恃:依赖,凭借。

教授要义

（一）好问则多闻，多闻则智广。自用则寡闻，寡闻则识浅。智广者学自博，识浅者学自芜。故问与学，必相须而成。

（二）前课曾示诸生以孔子之好学矣。凡好学之人，见人有一艺贤于己，必孜孜焉以求之。求之之道，切问而已。老聃也，苌弘也，郯子也，其贤不若孔子远甚，而孔子各因其长而问之。至孔文子不耻下问，孔子复称之。盖好问即好学之助也。

（三）智者恃其智而不肯问诸人，遂不能无失；愚者因其愚而不惮问于人，故终有一得。

（四）庄周之言曰："吾生也有涯，而知也无涯。"盖谓天下之大，事理之繁，吾人虽毕生从事于其间，亦不能周知也。信斯言也！吾人未知未穷之事理，亦已多矣。若不谆谆焉从事于多问，欲求智识之广，学业之进，其可得哉？

（五）世有一知半解，自诩聪明，岸然以骄人，以为人之知莫我若也。不知己之未知未穷之事理尚无限，欲人不笑其自用之小得乎？学者尚其知所儆哉！

（六）本课格言谓好问之人，不恃己之能，不恃己之多，故曰：以能问于不能，以多问于寡。

备考

〔裕〕足也。　〔须〕助也。　〔老聃〕楚之苦县人，姓李，名耳，字伯阳。相传其母怀之八十一岁乃生，生而首白，故曰老子，又曰老聃。　〔乐〕音乐也。　〔官〕官制也。　〔苌弘〕周敬王时之大夫。　　〔郯子〕郯国之君也。　　〔孔文子〕名圉,卫之大夫。　　〔呕〕屡也。　　〔涯〕边际也,穷也。　　〔诩〕大言也。　　〔岸然〕自高之貌,谓其如崖岸之形也。　　〔儆〕戒惧也。

第三课　坚忍

要旨

本课述法人巴力西之发明白色陶器,使学生知凡事能以坚忍行之,则无不济。

本文

巴力西,法人也。父某业治玻璃,家贫,使巴力西废学而从事焉,顾①无救于贫。巴力西既长而娶,益困,终岁执业良苦,犹不能自给,乃别求所以自存之术。时意大利人新发明白色陶器,巴力西欲模效其术而不得,发愤自研究焉,凡十六年而后成。方其未成也,勤工作,忍冻饿,执业稍间,辄以其节缩衣食之余资,苦心焦思,购陶器而自试验之。室人②因饥寒诉诤于前,不顾也。于时欲发明新式瓷器者甚多,惟巴力西卒底于成,非幸也,坚忍之力为之也。

----

① 顾:却。
② 室人:妻子。

教授要义

（一）家贫废学，助父治生业，终无救于贫，巴力西之境遇良苦矣。

（二）终岁执业良苦，犹不能自给，他人处此，或且万念俱灰，而无以自显矣。乃巴力西见人有新发明之物，即发愤研究之，欲借以自存，是岂非甚难之事乎？

（三）以一贫困不能自存之人，研究艺术至十六年之久，非具有坚忍之能力者不能也。

（四）室人交谪①，稚子饥寒，人情所难堪者也。而巴力西之意，以为我苟能发明心得，创世界未有之事业，则将来之幸福，妻子当共享之。故但知勤工作，忍冻饿，节其余资，苦心焦思，而研究其所欲发明者。虽屡屡失败，仍不稍止，其希望之心，坚忍之力，为何如乎？

（五）当时欲发明新式陶器者甚多，而成功者只巴力西一人焉，何也？盖巴力西独具十六年坚忍之能力，而他人不能也。

（六）吾人欲研究一学术，成功一事业，非历尽艰难，旷日持久，决不能收良好之效果。此遇事所以必须坚忍也。若巴力西无百折不回之坚忍力，则终为一贫苦之工人耳，人顾可不自励哉！

备考

〔巴力西〕西历一千五百年生于法兰西之南服。　　〔治玻璃〕

---

① 谪：责备。

制造玻璃之工人也。　　〔自给〕衣食皆足之谓。　　〔白色陶器〕
白瓷也。当时欧洲之陶器皆褐色,其白者乃中国出品。　　〔辄〕
恒也。　　〔模〕仿也。　　〔诟谇〕恶声相向也。

第四课　持满

要旨

本课述自满之害，及孔子持满①之训言，使学生知虚己自持之道。

本文

孔子观于鲁桓公之庙，有欹器焉，问守庙者曰："此何器也？"对曰："此盖宥坐之器。"孔子曰："吾闻宥坐之器者，虚则欹，中则正，满则覆②。"顾谓弟子曰："注水焉。"弟子挹水而注之，中而正，满而覆，虚而欹。孔子喟然叹曰："吁！恶有满而不覆者哉！"子路曰："敢问持满有道乎？"孔子曰："聪明睿智，守之以愚。功被天下，守之以让。勇力抚世，守之以怯。富有四海，守之以谦。此所谓挹而损之之道也。"

格言：满招损，谦受益。

---

① 持满：处于盛满的地位或状态。
② 覆：倾覆，倾倒。

教授要义

（一）古之君主，恒置器于坐右以自劝戒，名曰宥坐之器。孔子所见之欹器，即是物也。

（二）虚则欹，中则正，满则覆，示人以虚己则受益，自满则覆败也。孔子以此物之垂戒于人，切中事理，故喟然而叹。

（三）聪明而自满则损德，功高而自满则危身，勇而自满则暴，富而自满则骄，凡此皆足以自陷于覆败之境者也。曰愚，曰让，曰怯，曰谦，量所处之地位而守之，斯足以持之永久。则挹而损之之道，实益人于无形也。

（四）本课格言谓人若自满，则必招损失，不若守之以谦之获益于无穷也。故曰：满招损，谦受益。

备考

〔欹器〕倾欹易覆之器也。　〔宥〕与"侑"同，助也。宥坐之器，谓置于坐旁以自劝戒也。　〔挹〕酌也。　〔注〕灌也。〔喟然〕嗟叹之辞。　〔恶〕音乌，何也。　〔被〕盖也。〔抚世〕治世也。　〔挹〕退也，挹而损之之谓，损之又损也。

第五课　知耻

要旨

本课言耻之关系，使学生知人不可以无耻。

本文

顾炎武曰："礼义廉耻，国之四维。四维不张，国乃灭亡。善乎！管生之能言也。"礼义，治人之大法；廉耻，立人之大节。不廉，则无所不取；不耻，则无所不为。人皆不知廉耻，而至于无所不取，无所不为，天下其有不乱，国家其有不亡者乎？然而四者之中，知耻尤要。故夫子①之论士，曰："行己有耻。"孟子曰："人不可以无耻。"所以然者，人之不廉而至于悖礼犯义，其源皆生于无耻也。故士大夫之无耻，是谓国耻。

格言：无耻之耻，无耻矣。

---

① 　夫子：旧时对年长而有学问的人之尊称，此处指孔子。

教授要义

（一）"礼义廉耻，国之四维。四维不张，国乃灭亡"四语，皆管仲之言，顾炎武引用之，故曰：善乎！管生之能言也。

（二）民知礼义，则无干纪犯法之行；民重廉耻，则多洁身自好之士。故曰：礼义，治人之大法；廉耻，立人之大节。

（三）廉者不苟取，耻者不妄为。不廉不耻，则贪得无厌，无所不为矣。举一国之人皆若是，欲求国之不亡，岂可得哉？

（四）人能知耻，则所为自趋于礼义，而不屑为不廉之事矣。故曰：四者之中，知耻尤要。

（五）士大夫而无耻，则上行下效，捷于影响，其弊将率一国之人而皆为无耻之行。于是悖礼犯义伤廉之事，层出不穷，视为固然，而国且不国。故曰：士大夫无耻，是为国耻。

（六）均是人也，而我之道德不若人焉，耻也。我之学术不若人焉，耻也。均是国也，而人则富强，我则贫弱，耻也。人以势力横行于我国，我则俯首受之焉，耻也。学者苟能时时以雪耻为心，斯可矣！

（七）本课格言谓人苟能以己之无耻为可耻，则终必能自雪其耻，故曰：无耻之耻，无耻矣。

备考

〔顾炎武〕字宁人，江苏昆山人。清初之名儒。　〔维〕纲维也。　〔管生〕指管子而言。管子名夷吾，齐桓公之相也。著书曰《管子》。　〔行己〕谓一己之行事。　〔有耻〕谓有耻为不善之心。　〔无耻〕谓不知耻也。　〔国耻〕国家之耻也。

第六课　戒吸烟

要旨

本课言烟草之毒，使学生知吸烟之害。

本文

尼哥丁，烟草中之毒质也。其性能伤肺败血，损耳眩目，刺激脑筋，振动心脏，为害于人身也大矣。是故注意卫生者，莫不兢兢以戒烟为务。新金山①有医士曰克灵敦，屡就各校校医之职，尝语人曰："吸烟之害，不胜枚举。中其毒者，神经为之衰弱，肺脏易染痨瘵，心房肿大易患风疾。予屡诊学生心跳不均者，其十九皆烟瘾所致也。且烟毒非徒伤身而已，兼损思考力与道德心。每见聪慧学生因吸烟而变成愚鲁，正直学生因吸烟而变成虚伪者，比比然也。予甚惜之。"呜呼！吸烟之害其烈如此，而嗜之者，不啻视为滋养料焉。饮酖止渴，是之谓乎？

---

① 新金山：澳大利亚的墨尔本。

教授要义

(一)饥思食,渴思饮,人之情也。若不饮不食,则将无以自存矣。设有一物焉,既不足以疗饥,又不足以解渴,有人焉饮之食之,见之者必笑其愚矣。况乎既不足以已饥渴,又足以致疾之物如烟草者乎?顾吸之者习焉不察,殊可哀也。

(二)伤肺败血,损耳眩目,刺激脑筋,振动心脏,有一于此,即足为身体之害,况兼而有之乎?此卫生者所以兢兢以戒烟为务也。

(三)烟性之足以伤身,已可惧矣。乃复性能夺人之聪明,使为愚鲁;败人之正直,使为虚伪,则其害之烈,且以杀一人而影响及于社会矣。此克灵敦所以为吸之者惜也。

(四)嗜烟之人,非特不以烟为害人之具,且吸之成瘾,视为日用必不可少之物。既以自奉,复以供客,习之既久,中毒愈深,遂至不可救药。是何异于饮酖止渴,自戕①其身乎?

备考

〔尼哥丁〕烟中毒性之名称。　　〔眩〕晕眩也。　　〔注意〕留意也。　　〔兢兢〕恐惧貌。　　〔新金山〕澳洲地名。　　〔枚举〕详举也。　　〔痨瘵〕怯弱之病,易于致死者。　　〔风疾〕谓风癫之疾。　　〔诊〕视疾也。　　〔不啻〕犹言不止也。　　〔酖〕鸩鸟之羽,含有毒性,以之浸酒,人饮之辄死,是酒名曰酖。

---

① 自戕(qiāng):自己残害。

第七课　戒嗜酒

要旨

本课述邴原与子反之事，使学生知酒之为害。

本文

邴原辞家求学，八九年间，酒不沾唇。临别，师友会①米肉送原，原曰："本能饮酒，但以荒思废业，故断之耳。今当远别，因见贶饯，可以饮宴②矣。"于是坐饮终日不醉。春秋时，晋楚战于鄢陵。楚师败，将复战，谷阳竖献饮于子反。王召子反谋，子反醉不能见，王曰："天败楚也！ 夫予不可以待。"遂宵遁。晋入楚师，三日谷。古今来丧名败德之事，无不由于酒者，小之则害及一身，大之则祸延家国，可不戒哉？

教授要义

（一）邴原八九年间不饮酒，人皆以为不能饮酒者矣。故临别

---

① 会：聚会。
② 宴：宴会，会饮。

之时，师友会米肉送之。

（二）荒思废业，学者之大病也。而嗜酒者恒不知不觉而蹈之。邴原能力矫其弊，断绝饮酒，其获益岂浅鲜哉！

（三）宴饮至终日不醉，邴原之量可谓洪矣。以若是之量，平日稍稍饮之，似未必即妨其学业也。而邴原之意，则谓人既肆力于学，凡无益于学业之嗜好，务绝去之，始足以求进益。故八九年间，酒不沾唇，一若不能饮者。呜呼！戒酒之毅力若是，可以师矣。

（四）战争危事也，既战而败，其危尤甚矣。乃嗜酒者竟因醉而不知其危，至不能应君命，不能谋再战，弃其三日之粮而夜遁，丧师辱国，其祸乃始于饮酒。酒之为害，顾不烈哉！

（五）酒性奋兴，其力能使人迷失本性，举动怪谬。古今来丧名败德之事，无不由于酒。

（六）嗜酒害及一身，已自可惜。若因之而祸延家国，不诚大可畏哉！学者当以邴原为法，而以子反为戒也。

备考

〔邴原〕字根矩，汉之朱虚人。　〔沾〕湿也。　〔唇〕口唇也。　〔荒思〕谓荒疏其所思。　〔废业〕谓废弃其所业。〔断〕戒绝也。　〔贶〕赐也。　〔饯〕送行之筵也。　〔鄢陵〕郑地，今河南省有鄢陵县，即春秋时之鄢陵也。　〔谷阳竖〕年未及冠曰竖，谷阳其名也。　〔子反〕楚之司马。　〔遁〕逃也。　〔三日谷〕谓晋师食楚师粟三日也。

第八课　戒赌博

要旨

本课言赌博之害，使学生知各自戒惕。

本文

苏轼曰："如人善博，日胜日负。"王安石改之曰："日胜日贫。"夫既曰日胜矣，又何至日贫哉？盖赌徒常态，每以博进之资，任意挥霍，虽得巨金，转瞬即消耗无余矣。况日胜固不可保乎？且侥幸之心，最不可长，而赌徒则百事皆以侥幸之心行之者也。百事以侥幸之心行之，其能成者有几？虽欲不贫，乌得而不贫？江蕤①年十岁学摴蒱，其祖母为说往事，有以博弈破产废业者。蕤闻之，弃掷其具，终身不复为戏。

---

① 江蕤(ruí,？—407)：字世林，陈留圉(今河南杞县圉镇)人，西晋大臣，官至谯郡太守。

教授要义

（一）吸食烟酒之害，诸生既闻之矣。人之嗜好，各各不同。有于烟酒之外，别具嗜好，而其害足以废时失业，倾家荡产者，即赌博是也。

（二）苏轼之言，谓虽善博者不能有胜而无负。王安石之意，则谓博者即有胜而无负，亦必陷于贫困之地而后已。盖知赌徒常态，愈胜则挥财愈豪，倾家愈易也。

（三）有赌博之嗜好者，胜则恣情挥霍，愈赌愈豪，以冀再胜而多获。负则日思恢复其所失，益牺牲资财以为孤注之一掷。是皆求贫之道也。

（四）江蕖十岁而学摴蒲，盖未知赌博之害也。及闻其祖母之训，立弃其具，终身戒之，可谓从善如流者矣。世之人若能尽如江蕖之戒绝赌博，则破产废业之事，庶罕见乎！

备考

〔苏轼〕字子瞻，号东坡居士，宋之眉山人。　〔王安石〕字介甫，宋之临川人。尝相仁宗变新法，晚年号半山。　〔挥霍〕谓用财疾速也。　〔侥幸〕不可必得之物而得之，不可必成之事而成之，皆曰侥幸。　〔摴蒲〕博具名，与今之骰子略相类。　〔博〕局戏也。　〔弈〕围棋也。

第九课　孝亲一

要旨

本课述子路与皋鱼之事,使学生知对于二亲,当尽力行孝。

本文

子路见于孔子,曰:"昔者,由也事二亲之时,常食藜藿之食,为亲负米百里之外。亲殁①之后,南游于楚,从车百乘,积粟万钟,累缃而坐,列鼎而食。虽欲食藜藿为亲负米,不可复得也。"孔子曰:"由也事亲,可谓生事尽力,死事尽思者也。"孔子行,闻哭声甚哀,至则皋鱼也。避车与之言,曰:"子非丧者,何哭之悲也?"皋鱼曰:"吾少好学,周流天下而吾亲死。吾闻之:树欲静而风不宁,子欲养而亲不待。往而不可得见者,亲也。吾请从此辞矣。"立哭而死。孔子曰:"弟子识之,足以戒矣。"于是门人辞归养亲者,十有三人。

---

① 殁(mò):死亡。

教授要义

（一）子路少时，家甚贫，故自食藜藿，以米奉亲，地僻不易得米，则负之于百里之外。

（二）从车之众，积粟之多，居处饮食之美，皆子路出仕后所享者。顾亲已殁矣，子路引以为憾事，故见孔子而为此言。盖痛其亲之蚤死，不能享其富贵之奉也。

（三）孔子以子路当家贫时，能竭力孝亲，及亲殁身显，仍思亲不已，形诸言语。故以生事尽力，死事尽思称之。

（四）皋鱼求学于外，日久始归，而父母殁已久，不及奉丧，故哀哭而死。孔子门人闻皋鱼之言及孔子之训，不敢以好学之故，至远离膝下而缺奉养，故辞归养亲者十三人。

（五）亲为生我之人，哺乳也，鞠育也，教诲也，瘁其心力以抚我，高厚之恩，难以言喻。人若不能孝其亲，即不足以为人矣！

备考

〔子路〕泗水人，姓仲，名由。孔子弟子。子路其字也。
〔藜藿〕①野草名。　　〔楚〕国名。　　〔钟〕六斛四斗为一钟。
〔絪〕美席也。累絪，谓以软席相叠也。　　〔鼎〕熟食器也。
〔皋鱼〕鲁人。　　〔避车〕下车也。　　〔周流〕周游也。
〔宁〕静也。　　〔识〕音志，记也。

---

①　藜藿（lí huò）：此指粗劣的饭菜。

第十课　孝亲二

要旨

本课言尽孝在乎全身，使学生知立身行善，即所以孝亲。

本文

乐正子春下堂而伤其足，数月不出，犹有忧色。门人问曰："夫子之足瘳矣，数月不出，犹有忧色，何也？"乐正子春曰："吾闻诸曾子，曾子闻之孔子，曰：天之所生，地之所养，人为贵。父母全而生之，子全而归之，可谓孝矣。不亏其身，可谓全矣。故君子顷步而不敢忘孝也。今予忘孝之道，予是以有忧色也。"《礼》曰："父母殁，将为善，思贻父母令名，必果。将为不善，思贻父母恶名，必不果。"此所谓死事尽思也。死犹尽思，生敢不尽敬乎？何谓尽敬，全其身，斯尽其敬矣。何谓全身，能为善，斯全其身矣。故君子顷步而不敢忘孝也，则顷步而不敢忘善也。顷步而不敢忘善，则盈天下皆善人矣。故曰：以孝治天下。

教授要义

（一）下堂伤足，疾瘳而忧仍不已者。忧己之伤足，为伤父母之遗体。伤父母之遗体，即忘孝之道矣。

（二）所谓不亏其身者，不徒谓有形之损伤也。凡所为之事，苟有伤名败行者，其辱父母之遗体，尤甚于有形之伤焉。乐正子春因无心而伤足，为忘孝之道。盖忧己之或且无心而为不善，益亏亲之遗体也。

（三）父母在，当思有以慰其心；父母殁，当思有以扬其名。人能一言一行，恒以慰亲之心、扬亲之名为念，则为善之心，自油然而生矣。顷步不敢忘孝，即顷步不敢忘善。人人若是，则天下有不治者乎？此古人所以有以孝治天下之言也。

备考

〔乐正子春〕鲁人，曾子弟子。　　〔瘳〕愈也。　　〔亏〕损也。　　〔顷步〕顷，与"跬"同。一举足曰顷，再举足曰步。〔令名〕佳誉也。　　〔果〕成也。

第十一课　友爱

要旨

本课举孔奋爱弟、李铨爱兄之事，使学生知兄弟之间，当处之以友爱。

本文

孔奋性友爱，弟奇在雒阳为诸生，奋每以禄俸所入分给之，以备日用。四时送衣，下至脂烛①。每有所食甘美，辄分减以遗奇。李铨生有至性，其兄，前母子也，母待之寡恩，衣食皆使下铨。铨始年五岁，觉己衣胜兄，即不服，须兄与己同，然后服之，母遂不得有偏。《诗》曰："凡今之人，莫如兄弟②。"言人生斯世，父母之外，惟兄弟至亲也。今之人有能厚待亲戚朋友而顾薄于兄弟者，盍亦思一本之义？父母之视其子，固如一人乎！

格言：兄友弟恭。

---

① 脂烛：亦称"膏烛"，用油脂制成的灯烛。
② 凡今之人，莫如兄弟：凡今天下之人，莫如兄弟更亲。

教授要义

（一）孔奋以爱弟之故，必不愿与弟相离。顾己则出仕，弟方求学，在势不能不离，由是弟兄羁旅，天各一方。然孔奋爱弟之心，则千里如一室也。

（二）分禄俸，遗衣食，下至脂烛，无物不与弟共之。奋之所为，诚可谓尽友爱之道矣。为人兄者，不当如是乎？

（三）李铨之母，以铨为己出，则厚待之；以铨之兄非己出，则薄待之。衣食不得与铨比，偏心若此，欲使改变其宗旨，岂不难哉？而李铨以一童稚，竟能推其爱兄之心，不肯服胜兄之服，卒以此感悟其母。非生有至性者，能若是乎？

（四）兄弟与我同父母而生，故父母之外，至亲莫如兄弟，斯真所谓同胞也。若厚待亲戚朋友，而薄于兄弟，在兄为不友，在弟为不恭。非特无以对兄弟，且无以对父母矣。盖父母之视子，固无所厚薄，我岂可不仰体亲心而尽友爱之道哉？

（五）本课格言谓为兄者则当爱其弟，为弟者则当敬其兄，故曰：兄友弟恭。

备考

〔孔奋〕南北朝人，尝为姑臧①宰，以清苦见重于时。　　〔雒阳〕今河南洛阳县。　　〔遗〕音回②，送也。　　〔偏〕偏爱也。

----

① 姑臧：今甘肃省武威市。汉末天下扰乱，唯河西独安，姑臧因通货羌胡而称富。然孔奋虽在富庶地区为官，财产却无所增，为时人所称赞。

② 遗：今音 wèi。

〔凡今之人，莫如兄弟〕见《诗·小雅·棠棣》之篇。　〔一本〕谓兄弟之同胞，犹一树之枝叶，同一根本也。　〔友〕友爱也。〔恭〕敬也。

第十二课　择交

要旨

本课言交友之关系及傅嘏择交之事,使学生知交友不可不慎。

本文

墨子见染丝者而叹曰:"染于苍①则苍,染于黄则黄。所入者变,其色亦变。"五入则为五色矣。人之交友也,犹丝之受染也。友善,则进于善;友恶,则进于恶。是故择交不可不慎也。何晏②、邓飏③、夏侯太④初求交于傅嘏,嘏不许。众请荀粲⑤说合之,傅嘏曰:"夏侯太初志大心劳,能合虚誉,所谓利口覆国之人。邓飏、何晏有

---

① 苍:青色。
② 何晏(190—249):三国魏玄学家。字平叔,南阳府(今河南省南阳市)人。开魏晋玄学风气的代表人物之一。
③ 邓飏(? —249):三国魏大臣。字玄茂,南阳新野(今河南省新野市)人。为人贪财好色。
④ 夏侯太(209—254):即夏侯玄,三国魏玄学家。字太初,沛国谯(今安徽省亳县)人。累居官宦显职,与何晏等倡导玄学。
⑤ 荀粲(约209—238):三国魏玄学家。字奉倩,颍川颍阳(今河南省许昌市)人。与傅嘏、夏侯玄友善。不贵功名,善于论难。

为而躁,博而寡要①,外好名利,而内无关钥。此三子者,皆败德之人,远之犹恐罹祸,况可亲之哉?"后皆如其言。

格言:君子先择而后交,故寡尤②;小人先交而后择,故多怨。

教授要义

(一)染苍而苍,染黄而黄,遂思洁白纯粹之丝,骤变其本色而从所入之色。所入者美,则亦美;所入者恶,则亦恶。在丝不能自主焉。此墨子所以见之而叹也。

(二)吾人处于社会之中,决不能无友,然交友之道亦多端矣。有道义之交,有患难之交,有文字之交,此友之益者也。或交以势,或交以利,或交以酒食游戏,此友之损者也。交益友则日进于善,交损友则日进于恶,如丝之被染而变其本色,无力足以解脱焉。此择交之所以不可不慎也。

(三)我欲求交于人,必先察其人之善否而后定。人欲择交于我,亦必先察其人之善否而后定。傅嘏之不肯与何晏等为友善,审之既熟,胸有成竹也。

(四)荀粲未知何晏等三人为败德之人,故己与之交,又为之说合于傅嘏,盖知人最不易也。

(五)傅嘏告荀粲之言,述三人不足交之理由,非平日慎于择交,时时默察人之品行,言之必不能若是真切。

(六)本课格言谓君子交友,必慎择于未交之先,故彼此莫逆③而寡过;小人交友,则选择于既交之后,故彼此易生恶感而多怨。

---

① 博而寡要:学识丰富,但不得要领。
② 尤:罪过,过失。
③ 莫逆:指意气相投,志同道合。

备考

〔墨子〕见第三册第十课。 〔何晏〕字平叔,三国时魏人,官至侍中尚书,赐爵列侯,与夏侯太初及邓飏等竞为清谈,一时朝野效之,遂相习成风。 〔荀粲〕字奉倩,魏人。 〔傅嘏〕①魏人。〔利口〕谓有口才善辩论也。 〔覆国〕谓败国事也。 〔躁〕粗暴也。 〔关钥〕主义之谓,犹言把握也。 〔罹〕陷也。

---

① 傅嘏(209—255):三国魏学者、文学家。字兰石,北地泥阳(今陕西省耀县东南)人。曾任尚书郎、尚书仆射等官职。善言名理,尤好言才性。

第十三课　不忘故

要旨

本课述少原妇人及朱晖不忘故旧之事,使学生知故旧之不可遗。

本文

孔子出游于少原之野,有妇人哭于泽①而哀,孔子怪之,使弟子问焉。妇人曰:"向者,刈菁薪,亡吾菁簪②,吾是以哀也。"弟子曰:"刈菁薪而亡菁簪,何悲焉?"对曰:"非伤亡簪也,盖不忘故也。"后汉朱晖与同郡陈揖交善,揖早卒,有遗腹子名友,晖哀之。后司马桓虞为南阳太守,召晖子骈为吏,晖辞骈而荐友,时人莫不称晖之贤。世有富贵而弃贫贱之交,安乐而忘患难之友者,闻少原妇人之言,朱晖之风,亦可以少愧矣。

格言:故旧不遗,则民不偷。

---

① 泽:沼泽,草泽。
② 簪:古人的一种发饰,用来绾住头发。菁簪,即用菁制成的簪。

教授要义

（一）刈蓍薪而亡蓍簪，即以所刈之蓍，削一簪而代之可矣。奚事于哭？更奚事于哀哭？此孔子弟子所以有何悲为之问也。

（二）妇人谓亡簪固不足伤，第见新簪而不见故簪，意殊难忘。故为之哀哭耳。呜呼！可以风矣。夫常人之情，往往喜新而厌故，得新物则弃旧物，得新交则忘故交，此所以世道人心日趋浇薄也。

（三）朱晖悲良友之早死，哀怜其遗腹子，此事之至寻常而无足异者。所难者，人召己子为吏，辞之而荐亡友之子也。盖晖之意以陈揖之子，生而失怙①，若己不能庇之，即为负死友之情。故宁使己子不受职，而荐陈友也。时人称之为贤，不亦宜哉！

（四）富贵而弃贫贱之交，安乐而忘患难之友。世态炎凉，人情似水。此少原妇人之言，与朱晖之风，所以千古不磨也。

（五）本课格言谓人人能不忘其故旧，则民风自日趋于淳厚矣，故曰：故旧不遗，则民不偷。

备考

〔少原〕鲁地。　　〔刈〕樵也。　　〔蓍〕草名，蒿属。
〔朱晖〕字文季，南阳人。曾为临淮太守。　　〔偷〕浇薄也。

---

① 失怙(hù)：怙，依靠。意谓丧父。

第十四课　尚公

要旨

本课述英人之尊尚公德，使学生知公德不可不讲。

本文

香港有公园焉，英人之所辟也。一日，有华人游其间，见园花之美也，悦而折之。警吏遽执之，折花者愕然①不自知其罪也，遂为游者所笑。英人以强毅善自治闻于天下，其公德之美，尤不可及。某小学生徒结队出游，一生偶损道旁之树，众生徒迫之使向管理此树者谢罪。呜呼！彼小学生徒之公德，吾成人不能及也，何以自解于野蛮之诮②哉？

教授要义

（一）英人辟公园于香港，备公众之游览者也。凡公园中一草

---

① 愕然：形容吃惊。
② 诮：讥嘲，责备。

一木，一叶一花，以及各种之陈列品，皆为公众所设。则游此园者，对于园中各物，宜爱护而珍惜之不暇，而顾损伤之可乎？况游人甚多，人各就其所悦之花而折之，花将立尽矣。此折花者之所以被执也。

（二）见园花美悦而折之，推是心也，凡公物之美者，皆将悦而取之矣。无故而取人之物，谓之窃；无故而折花，其行为何以异是？惟我国人之习性，对于公共之物，每不加珍惜，游园折花之事，尚其微者。故此人被执而不知有罪也。

（三）结队出游，为小学生恒有之事，一生偶损道旁之树，当系出之无心。然众学生视之，皆以其为乏公德而耻之矣，故迫使向管理此树者谢罪。观于此，英人平日之尚公心可想见矣。彼之小学生徒，不肯损人一草一木，而我国之成人，损公园之花，尚不知己之罪。外人诋我为野蛮，我又何以自解哉？

（四）诸生乎！凡公共之物，我等当爱之惜之重于己物。即非公众之物，或为他人之私物，我等亦决不可任意损伤之，盖养成公德，固立宪国民之天职也。

备考

〔香港〕广东省珠江口之一小岛，本系我国土地，道光二十二年割与英国。　〔公园〕供公众游览之园。　〔辟〕开也。〔遽〕急也。　〔损〕伤也。　〔迫〕逼也。　〔成人〕谓已成年之人。

第十五课　人道

要旨

本课述林肯解放奴隶之事，使学生知崇尚人道主义。

本文

　　林肯，美国大统领也。其先任国会议员时，美人役使黑奴之风正盛，驱策鞭挞如马牛羊然。国有恃贩奴为恒业者，营广场于市栅，群奴其中，铁索絷之。购者至，揣量肥瘠，审别优劣，与一切商品等，券①成驱②之竞去。奴有生命，畜奴者可以自由予夺之；奴有骨肉，畜奴者可以自由离合之。畜奴者固不以人类视奴，奴亦断不敢自侪于人类。林肯悯之，以为大背人道主义也。适北部诸州有倡放奴之说者，林肯力主之。千八百六十年被举为大统领，遂下放奴之令，南部诸州蜂起反对，林肯毅然不为动。卒使四百万黑奴，尽还其自由之身。呜呼！是真知崇尚人道者也。呜呼！是真知崇尚人道且真能见诸实行者也。

---

① 券：契据，也泛指票据、凭证。
② 驱：驱赶。

教授要义

（一）同是人类即当享同等之自由，苦力操作之人，以迫于饥寒，为人役使，则为之主者，当悯其不幸而善待之矣。此所谓人道主义也。而在昔，美人之对待黑人则不然。

（二）美人当役使黑奴之时，凡苦力之工作，皆使黑奴为之。黑奴实有益于美国者也，乃美人非特不念其助己之劳，且凌虐之，贩卖之，视黑奴之生命骨肉，轻于鸿毛。至黑奴不敢自侪于人类，天下残酷之事，其有甚于此者乎？

（三）林肯见国人虐待黑奴，惨无人道，思有以救之。故为国会议员时，力主放奴之说。及被举为大统领，即下令解放黑奴，反对者虽多，终不为动。诚不愧人道主义之实行家矣。

（四）人道主义，范围甚广，其大旨则不外乎秉慈祥之心，消除一切残暴之事而已。今我国谈人道主义者，颇不乏人，而见诸实行者则鲜，此所以生民日罹①于困苦之途乎？

备考

〔林肯〕见第四册第九课。　〔黑奴〕非洲之黑种，美国人买之，使之耕作，谓之奴隶。　〔栅〕栏也。　〔絷〕系也。〔揣〕测也。　〔予〕同与。　〔侪〕列也。　〔北部诸州〕美利坚独立之初，分全国为南北二部。　〔南部诸州蜂起反对〕南部重农，役使黑奴之风极盛，故不欲解放之。

---

① 罹：遭受困难或不幸。

第八册

第三学年第二学期

第一课　社会

要旨

本课述社会之性质，使学生知群己相维之道，为下讲授民国法制大意之张本。

本文

孟子曰："一人之身，而百工之所为备。"英儒斯密亚丹①有言："野蛮部落之酋长，权力虽尊，求如吾英之佣一日之奉不可得也。"此人与社会相维相系之原理也。人各有所长，当竭其所能以贡献于社会，其所短者，同时即受社会之补助。若日受社会之保护而不思所以补助社会者，则失群己相维之道矣。社会愈进化，则个人所受之幸福亦缘之而愈多，故协谋社会之公益，亦即所以自利也。

---

① 斯密亚丹：今译亚当·斯密（Adam Smith，723—1790），英国经济学家、哲学家，主要著作有《国富论》《道德情操论》。

教授要义

（一）社会者，群体之有一定组织者之谓也。试问群体何以能有一定之组织，则必其有互相维系之道也。又试问群体何以能有互相维系之道，则必其有互相依赖交相利益之处在也。

（二）吾人之所不可一日缺者，为衣食住。试问衣何自来乎？衣必有布，布必有织者，有织布者，必有植麻者，而植麻非能徒手而成也，必有其所待之事焉。使此诸种人中而缺其一，则衣必不能成，而吾人将无以御寒也。又试问食何自来乎？食必有米，米何自来乎？必有植之之人。然农夫无铁基，焉能耕植？则有待于铁工，铁工无铁，焉能制造？则有待于矿夫矣。矿夫必隶属于开矿之公司，则凡鸠集资本，管理公司事务之人，一一与吾人日常之生活有关者也。推之于住，理亦如是；推之于凡百事务，莫不如是。故曰一人之身而百工之所为备也。

（三）社会有进于文明者，有滞于野蛮者，有半进于开明者。愈文明之群，其人所享之幸福愈优厚。何也？其群能通力合作，故其所就之功大。所就之功大，故其所获之利多。所获之利多，故其群中之个人所享之幸福，亦缘之而愈大也。试持蒙古王公所享之饮食，所居之牙帐，以与内地一富翁校，必远不若矣。岂其权力富厚之不若哉？其社会之通力合作，程度不若也。社会之进化浅，故其个人所享之幸福，亦缘之而受制限也。不特此也，试持我国一富翁，以与欧美社会之劳动工人校，其富力之相去，未尝不十百倍蓰[1]。然欧美工人所享之幸福，必有为我国富翁终身未尝梦见者矣。其文明

---

[1]　蓰（xǐ）：原意为五倍，此为倍意。

程度,更不如我国者,则我国劳动工人所享之幸福,又有为彼王公富人所终身未尝梦见者矣。岂其富厚权力之不若哉? 社会之进化限之也。

(四)由此观之,则斯密亚丹之言,与孟子之言,其意正同,其理实相成也。

(五)人与社会相维相系,社会之幸福,日进无疆①,即个人之幸福,亦缘之而日进无疆也。然社会之幸福,所以能日进无疆者,由人人各尽其力也。若人人惟思受社会之所赐,而不思尽力于社会,则社会所以相维相系之道亡,而个人因社会所受之幸福,亦随之而尽。盖此等社会,已徒有社会之名,而无社会之实矣。社会有名而无实,则个人缘社会所受之幸福,自亦无所附丽也。

(六)述至此,然后告以人当以利群为务,并告之以利群之方法。

(七)各人所处之地位,皆足以利群。所虑者冒利群之名,而不思践利群之实耳。故吾人无论何时,皆当存一利群之志。熟察吾之所为,果足为社会之利否,抑有害于社会也。其有利于社会者,则速行之,有害于社会者,则务去之。

(八)欲以利之,适以害之,此有志利群者所当引为大戒也。群之利害甚复杂,思所以利之之术颇难。故有志利群者,于利之之方法,虑之不可不熟。而欲详考利群之方法,则于学问之道,不可不加之意也。

———————

① 无疆:即没有终界,没有终点的意思。

备考

　　〔斯密亚丹〕英国哲学家及经济家,所言见《原富》①。　　〔部落〕各以其人类相聚为部落也。　　〔酋长〕部落之长也。〔佣〕雇工也。　　〔幸福〕人所冀幸而得之福也。

---

① 《原富》:即《国民财富的性质和原因的研究》,简称《国富论》。

第二课　国家

要旨

本课授以国家之性质,使学生知无论何种社会,必发达而为国家,并必发达完具如今日之国家,方足以存立于地球上之故。使知一切法制之渊源,为下文讲授法制大要之根本。

本文

国家者,有一定之土地,一定之人民,而并有统治之主权之谓也。有土地无人民,则旷土也。有人民无土地,若今日之犹太人是已。然有土地矣,有人民矣,而无统治之主权,亦不得为国家。国家者,人类社会组织之最大而最永久者也,凡他种社会悉包含于其中,而恃之以保其生存。盖他种社会之组织,主于放任,其质散;国家社会之组织,主于干涉,其质聚。散则力薄,聚则力厚。故人类仅有他种组织,尚不足以生存;必有国家,乃能自立于竞争之世也。

教授要义

（一）前述群己相维之道，此以言乎社会内部之关系也。然社会非徒能以内部之集合而生存也，使异社会来侵掠，则如何？

（二）前述群己相维之道，此以言乎社会中善良之分子，互相集合共营生活之道也。然社会中之分子，不尽善良也。设有不良之分子，悍然破坏群己相维之道，害人以自利，则如何？

（三）如是则无论何等社会，欲求生存，必不可不有一种坚强之力，外以自卫，而内以制裁其群中不良之分子。此种坚强之力，即为国家之权力，而此种权力，必有一定之组织，然后能行之。此等组织，即所谓国家也。故国家者，吾人所组织之以自保其生存，自遂其发达者也。

（四）地球上民族之数甚多，有能组织国家者，有不能组织国家者，有虽能组织国家而不能进于完美者。不能组织国家之群，其日就渐灭，无待言矣。即能组织国家，而其制不能几于完善之群，今亦日就淘汰之列，如安南、朝鲜、波兰、印度之流是也。盖今日世界大通之秋，正各民族生存竞争最剧烈之会，而竞争之利器，实惟国家。能淬厉其器者存，不能善其器者灭，自然之理也。

（五）社会分类之最易见者，以其所从事之职业言之：则农业社会，工业社会，商业社会，学术社会等是也。以人所隶属之团体言之：若地方团体，家族团体等，亦一社会也。然此等社会，必借国家保护，始能生存。盖不如是，则无以御外侮，且无以裁制其群中不良之分子也。故无论何种社会之人，不可不协力以效忠于国家。

（六）国家之要素，为土地、人民、主权三者。人民为组织国家之本，有土地无人民，不必论矣。有人民无土地，实际上亦无是事。

特无组织国家之能力,故其群无自主之权,而不能使其所居之土,成为国土耳。若今日之犹太人,漂流外国,受人虐待,其惨何可言状!故组织国家,实为人民自卫之首务也。

(七)人民一切自保生存自遂发达之事,其源泉皆由国家而出,故组织国家为人民自卫之本务。

备考

〔犹太〕为以色列人所建国。以色列人原住迦南①,后移居埃及,为埃人所虐使。纪元前千三百二十年,摩西②率之走还迦南,中途登西奈山③,授以十诫④,后遂分建以色列、犹太二国。以色列纪元前七百二十二年灭于亚西里,犹太服属于巴比伦及波斯,至前六十三年为罗马所灭,其人漂流四方,迄今未能建国。

---

①　迦南:即今之巴勒斯坦。
②　摩西:犹太人的民族领袖,犹太教的创始者。
③　西奈山:又叫摩西山,位于西奈半岛中部。犹太教、基督教和伊斯兰教均视其为圣地。
④　十诫:据《圣经》记载,上帝耶和华借由以色列的先知摩西,向以色列民族颁布的十条规定,也被奉为生活的准则。

第三课　统治权

要旨

本课授以统治权之性质，使学生知国家法制之源泉。

本文

国家统治国民之权，其作用可分为三：曰立法，曰司法，曰行政。三权之性质本惟一而不可分，然其作用，则不得不分寄于三机关。盖不如是，则行政者可惟其意之所欲为以定为法，而更借司法之力以强行之。其人而贤，所行者且未必无背于国家之本意，况不贤乎？此专制政体之所由厉民也。国家之本意无时而不欲利民，但实行之，则必借统治权之力。故统治权之力苟不强固，则国利民福之目的必不能达。

教授要义

（一）前言国家之所以设立，以国民欲自保其生存，自遂其发达故。然则国家之设立，实国民之本意也。

（二）国家非人也，然亦有意思①如人。何也？如公司亦非人也，然人之设立之者，必有其意思焉。人之设立之意思，即公司之意思也。国家亦国民之所公立也，故国家亦有其意思。

（三）国家之意思，果何如乎？吾固曰国民所以设立国家之意思，即国家之意思也。夫国民之所以设立国家，欲以自保其生存，自遂其发达也。然则保护国民之生存，使能遂其自然之发达，是即国家之意思也。

（四）凡有一种之意思者，皆不能无所作为，无作为则其目的必不能达，国家亦然。然欲有所作为者，必不能不附之以一种之权力，此国家之统治之所由来也。然则国家之统治权，乃国民欲以自保其生存，自遂其发达，故特建立一国家，而与之以此种之权力，使为保护国民生存，而遂其发达之事者也。故国家之权力，具于国家设立之初，一日无此权力，则一日不成其为国家。有与国家之统治为梗②者，非欲反叛国家，害全体国民之生存发达，即系丧心病狂，欲自取消其生存发达者也。

（五）如所述，为统治权之性质。至其作用，则可分为三：一本国民之公意，即国家之本意，而著其所当行之事，此立法之谓也。法既立矣，其作用又可分为二：一为消极的，禁止人以不为以除害，司法之事也。一为积极的，有益于国民之事，国家起而自为之，行政之谓也。司法以维持现状，保民生存；行政以增进幸福，遂民发达，而其事皆著之于国家所立之法。有此三者，而国家之目的达，职务尽。国民所以设立国家之本意亦达矣。

（六）国家所以能有立法之权者，以其有统治之权也；所以能有

---

① 意思：意图，用意。

② 梗：阻塞，妨碍。

司法、行政之权者,亦以其有统治之权也。故三权之性质,实惟一而不可分。即以其作用言之,司法、行政,亦不得与立法并立。盖立法者,所以宣著国家之本意,而司法、行政,咸准据①之以为行动者也。然其性质虽惟一,而其作用则不可不分。盖国家之本意,原欲以利民,而执行国家之职务者,难保不有时违背国家之本意,而为不利民之举。故不得不为是防制之法。此犹一公司然,其本意尝欲以利公司之股东,然其职务有时不得不分寄之于各种机关。此特事实上之便宜,而非谓公司之本意可以分析也。

(七)国家之本意,无时而不欲利民,故统治权自理论上言之,愈强大而愈妙。有时行使之不得不有所限制者,乃事实上使然耳,非国民设立国家之本意欲如此也。设国民设立一团体之时,与之之权力有所限制,而更有最高之权力存于其上者,此权力即非统治权,而其团体亦即非国家。故国家之统治权,其行使之也愈周悉,则愈有利于民。盖统治权之本意,原欲以利民也,有时国法上之机关,所行之事,不利于民,此实与国家之本意相反,正为统治权不强大之证。或以恶政府故而并恶国家,谓国家之统治权行使当有所制限者,误也。此正为国家以其最高之权力限制其机关之行为耳。

备考

〔厉〕病也,厉民,犹言病民也。

---

① 准据:依据。

第四课　国体及政体

要旨

本课授以国体、政体之别，使学生知爱护共和之必要。

本文

今世界各国国体有二：曰君主，曰民主。政体亦有二：曰专制，曰立宪。君主之国，其政体有专制、立宪之殊；民主之国，则政体皆为立宪，无专制者。《传》曰："天之爱民也甚矣，岂其使一人肆乎民上？"又曰："得乎丘民者，为天子①。"又曰："天视自我民视，天听自我民听。"②我国民于共和之理想怀之久矣！故能兵不血刃，成伟业于半载之间。此实世界各国所未有也，凡我国民其可不思所以拥护之乎？

---

①　得乎丘民者，为天子：丘民，众民，百姓。意谓得到百姓拥护的人，可做天子。又参见"备考"。

②　天视自我民视，天听自我民听：意谓上天所看到的来自于（就是）我们老百姓所看到的，上天所听到的来自于（就是）我们老百姓所听到的。又参见"备考"。

教授要义

（一）今世界各国，国体有二：有世袭之君主者，谓之君主国体。无君主，而其国家之元首由人民公举者，谓之民主国体。政体亦有二：立法、司法、行政，由一机关主之者，谓之专制政体；分寄于三机关者，谓之立宪政体。

（二）国家之所以设立机关，而寄之以职务者，为欲达其目的耳。苟能达国家之目的，则寄之君主，寄之民主，一也。立法、司法、行政，寄之一机关，寄之三机关，亦一也。所以必善民主而恶君主，美立宪而刺专制者，以自事实上言之，君主专制往往不能达国家之本意，且违反于国家之本意也。

（三）专制君主，权力无限，可以为所欲为，充其极必视国家为一人之私产。夫视国家为一人之私产，则人民皆君主之奴隶矣。夫如是安能谋人民之公益？必至牺牲人民，以达一人私益之目的矣。

（四）专制君主，非无贤者，好恶同民，所欲兴聚，所恶弗施也。然一人之智力有限，四方之闻见难周。故即有贤者，亦难于为治。况专制君主生于深宫之中，长于阿保①之手，便辟嬖佞②足以骄其志，骄奢淫佚足以荡其心，固又难于贤而易于不贤乎！

（五）君主专制之厉民，实由于其政体，而非由其国体。所谓立宪国之君主，不能为恶也。然今立宪国之有君主，亦不得已而存之耳。若我国共和之理想，已发达于数千年前，一旦得东西各国之观

---

① 阿保：指左右近幸之臣。
② 便辟嬖佞：指善于谄媚逢迎、受宠幸的奸伪小人。

成①,而现于实,自以止于至善为是,又焉用此骈枝②之君主为?

（六）中国数千年来,历史上常呈一治一乱之现象,实由全国大政操于君主一人之手。而君主所处之地位,实难于贤而易于不贤,故政治不能常良。政治不能常良,故祸乱终不可避也。其间数十年一小乱,数百年一大乱,民之受荼毒者甚矣。今既改为共和政体,出治之源既良,凡事易达国家之本意。一切政象,自可循直线以遂行,不至如向者之一治一乱,常呈循环的现象也。

（七）凡人莫不有权力之欲望,苟无人监督乎其旁,恒好扩张其权力以自肆。此不必不贤者而后如是,即贤者亦不免也。故共和政体,必借国民之拥护。

（八）我国数千年来政治之不良,既以专制为之大源,此验诸历史而可知者也。故今者国民不可不竭其全力,以拥护共和政体。

备考

〔天之爱民也甚矣,岂其使一人肆于民上〕见《左传》。　　〔得乎丘民者,为天子〕见《孟子》。　　〔天视自我民视,天听自我民听〕见《尚书·泰誓》。

---

① 观成:看到之成果。
② 骈枝:比喻多余的东西。

第五课　宪法

要旨

本课授以宪法要义，使学生知组织国家根本之法。

本文

宪法者，所以规定主权行使之方，及人民之权利义务者也。凡他种法律，有与宪法相抵触者，皆无效。故宪法为最高之法。合众民而成国，必有其所公欲、公恶者存。所公欲者，以法律行之；所公恶者，以法律去之。故国家者，与法律俱存者也。公理未明之世，一部分人凭借其强权，轶①出于法律之外，而大多数人乃重受其累。若专制时代之君主、贵族是也。立宪时代，本国家之意思制为宪法，一国之人共遵守焉，而此弊乃除矣。故曰法治。

---

① 轶：超过，超出。

教授要义

（一）国家者，国民所组织之，以自保其生存，自遂其发达者也。惟其然也，故国家必有其目的，亦必有其行为。

（二）国家之目的究为何如乎？其行为究应如何最为适宜乎？此其理甚为深奥而难知。盖自纯理言之，则国家者，国民所组织之以自保其生存，自遂其发达者也。国家之目的，即不外乎保国民之生存，遂国民之发达而已。然究之用何种手段，遂为适宜于达此目的，此则无论何种圣哲，亦有一时难于解答者也。惟其然也，故人类之组织国家，业已数千年，而迄于今卒未尝有一国家焉，能用最良之方法，以达其所应达之目的者。不但不能达其目的而已，驯至①国家固有之目的，亦在若明若昧之间也。

（三）至近世进化，始知国家者，自有其一定之目的，而其达此目的也，亦不可不用一种最适当之手段。于是因历史上种种失败之经验，而国家之目的，渐以发见②焉。国家之目的既发见②，则其达此目的之手段，亦因之而渐即于正当焉。夫既能发明此国家之目的，且能发见其达此目的较为适当之手段，则必有以著之于法，俾一国之人共遵守之，此宪法之所由昉③也。

（四）知上所述，则宪法之性质，可以二言揭之：一曰宪法者，规定国家主权行使之方；一曰宪法者，规定人民之权利义务者也。何谓规定其主权行使之方，如国家有立法、司法、行政之权，是即国家之主权也。而国家以何方法行使此主权，则规定于宪法中者也。何

---

① 驯至：逐渐达到。

② 发见：即发现。

③ 昉（fǎng）：起始，起源。

谓规定人民之权利义务,夫人民之设立国家,所以使之行其所好,去其所恶者也。夫如是,则必与之以强制执行之力。然其强制之力,究应至如何程度乎?设^①过用其强制之力,于其所不当干涉者而亦干涉之,则失人民之本意,而不足以达国家本来之目的矣。又设放弃其强制之力,于其所不应放任者而亦放任之,则其弊亦如是。故国家畀^②人民以权利,课^③人民以义务,必有其一定之界限,而此界限亦规定之于宪法中者也。

(五)国家行使主权之方,及其课人民之权利义务,随世而异,不能强同。故宪法者,非一成不变者也。然国家行使主权之方,及其课人民之权利义务,固非一成而不变,断不可一日无一定之规律。故号为立宪之国,决不可一日无宪法。无宪法,则国家主权之行使,及其与人民权利义务之关系,可以惟一部分人之所欲为,与国家之本意背矣。数千年来君民之冲突,政治之不良,其源皆由于此也。此专制与立宪之别也。

(六)如上所述,则宪法者,组织国家之根本法也。故宪法在诸种法律中为最高,他种法律有与宪法相抵触者,当然无效。

(七)宪法既为组织国家根本之法,故其关系甚大,其制定之及其变更之也,均不可不极慎重。

(八)立宪与专制之殊,在有宪法与无宪法。故拥护宪法,即所以拥护共和。

---

① 设:假设,假使。
② 畀(bì):给与。
③ 课:督促(完成指定的工作)。

第六课　国会一

要旨

本课授以国会之职权及组织,使学生知立法机关之重要。

本文

国会者,国家立法机关也,其制有一院、二院之别。吾国国会,曰参议院,议员由各省议会,蒙古、西藏、青海各选举会,华侨选举会,中央学会选出。曰众议院,议员由普通人民直接选出之。盖采两院制也。凡法律,非经议会通过者,不得为有效。议会所议决之案,大总统只能交令覆议,而无不批准之权。盖所以尊重立法机关者至矣。然则选举议员及被选举为议员者,其可不慎也哉!

教授要义

(一)立法为司法、行政之所本,故其事贵合乎国民之公意。所谓国民之公意者,即民之所公欲者存,公恶者去,最适于达国家之本意者也。

（二）立何等之法为最合于国家之本意，此其事甚隐而难知。盖国家之本意，即国民之公意也。人之性质，往往明于近而蔽于远，详于己所知之一方面，而昧于己所不知之一方面。欲以一人之意见，代表全国民之意见，而求其适相吻合，其事甚难。盖实非人之智力所能逮也。惟其然也，故求之于少数人，不若责之于多数人；求之于一方面，不若求之于各方面。如是虽不敢谓所立之法，必适合于国家之本意，然究与国家之本意，符合较易。

（三）国会之有两院制者，即求其意于各方面，且求之于多数人之意。盖众议院之议员，由普通国民选出，所以求其意于多数人也。参议院之议员，由特别团体选出，所以求其意于各方面也。

（四）无论何事，吾人对之，恒有一种意见，且莫不自以为是。然试询之于人，则人之所知，必有为我之所不知，合彼说而后其义始完善者。更试询之于与我地位不同之人，则彼之所见，必有为我之所不及见，必弃我之说，从彼之说，而后其事始完善者矣。此即一人之智识，不如多数人；一方面之所见，不如多方面之证也。此非特庸人如是，即圣哲亦如是。古之人所以询于刍荛①也。此立法之权，所以畀之国会之意也。既以畀之国会，自不许政府之侵夺矣。

（五）议员既由人民选举而出，则立法之权在议员，即不啻在选举议员之人民也。此其责任何等重大，焉可放弃之？或以不正当之手段行使之乎？

（六）国家以选举之权畀人民，自表面上视之，固为一种之权利，实亦为一种之义务。盖国家之立法，既贵求之于多数人，求之于多方面，则凡有选举权之人，不啻皆有参与立法之义务也。所以不使之直接尽此义务，而仅使之间接尽选举之义务者，特以国大民众，

---

① 刍荛（chú ráo）：割草打柴的人，也指普通百姓。

人人直接参与立法，事实上办不到耳。然则吾人放弃或不正当行使其选举权，即不啻放弃或不正当行使其立法权矣，其对于国家之罪恶为何如乎？

备考

〔蒙古〕在中国本部之北，分内蒙古、外蒙古。　　〔西藏〕在本部之西，分前藏、后藏。　　〔青海〕在本部之西北，因域内青海得名。

第七课　国会二

要旨

本课授以国会监督政府之职权,使学生知国民参与政权之所寄。

本文

立法而外,国会又有监督政府之职权。其作用或见之于弹劾①,或见之于否决豫算案。豫算案者,核计国家一年度内,应办之事需费几何,由政府制成草案提出,于国会求其承认者也。政府行政之方针悉于是乎觇②之,故议决豫算为国会重要职权之一。豫算案不能通过,即为国会不信任政府之表征,政府不能不引咎自责也。

---

① 弹劾:指由法律或宪法所规定,当享有特别权利(或豁免权)的政府高官或法官等,犯特定的违法行为(如叛国,腐败等)时,对其进行刑事追诉的一种程序。

② 觇(chān):窥视,察看。

教授要义

（一）一国之政治，其权皆寄之于政府，而政府不能保其皆善良。或阘茸不振[1]，堕国事于冥漠之中；或措置乖方[2]，贻国家以非常之祸。故国会必有弹劾之权，以弥缝其阙。

（二）专待政府失职而后弹劾之，有时或已嫌其晚，故必有以监督之于事前。然事事掣政府之肘，则政府将一事不能为，亦非国民监督之道所应出也。故寄其权于通过豫算案，以行其大体上之监督焉。

（三）议决豫算之权，所以能监督政府者，以一国大政，行之莫不需财。国家待举之政甚多，无论财政若何充裕之国，必不能举所当举之政，而一旦尽举之，则必权其轻重缓急之宜，以为或先举，或后举，或注全力以图之，或仅维持其现状之别。而此中之先后缓急，则大足以觇政府施政方针之得失也。故议决豫算，非惟斤斤焉为出纳之吝，于一国施政之得失，所关甚巨也。

（四）调查豫算案，其事宜有经验，且宜熟悉现政界之情形，故以其权委诸政府。

（五）豫算之扩张及减削，往往与租税之增加及轻减并行，于国民之负担，大有关系。为议员者，若一味以扩张政治之范围为务，易使民力有竭蹶[3]之虞；又若以轻减国民之负担为心，易使政治有颓废之感。斟酌于二者之间而权其轻重，则非富有学识经验之人不能。故国民之选举议员，不可不慎也！

---

① 阘茸(tà róng)不振：指人品卑劣，或庸碌无能，萎靡不能振作。
② 乖方：违背法度，措施失当。
③ 竭蹶：资财匮乏。

（六）国会监督政府之权，若常放弃之而不用，则等于无国会，而政府可以为所欲为，其极将及于专制。若滥用之而过其度，则政府将一事不能为，其极将流于议会专制，而国事悉堕坏于阻碍扞格①之中。厥弊惟均②。故国会监督政府之权，行使之不可不极正当极慎重，而国民之选举议员，亦断不可以不慎也。

---

① 扞（hàn）格：相互抵触，格格不入。
② 厥弊惟均：意谓二者的弊端相等。

第八课　总统

要旨

本课授以总统之职权,使学生知民主国元首之地位。

本文

　　君主国之元首,其得位也由于世袭。体制虽极尊崇,实非其才德过人为众所推举,其荣转不若民主国之大总统也。凡元首,皆为代表国家者。敬爱代表国家之人,即所以敬爱国家也。故民主国之民敬爱其总统,较之君主国之民敬爱其君主,当更有进。君主之国,一朝开创之君获登大位,率由武力,虽若为人民所推戴,实则野蛮之行耳。民主之国,其选举总统也,以其才与德,渔人、缝工皆可被选,效力国家,扬名后世。凡我国民,不可不自勉也!

教授要义

　　(一)国家统治之作用,虽分寄之于诸机关,然决不可无一机关焉,以为之统一。否则国事将不免散漫或抵触之忧。

（二）此等统一之机关，宜以一人为之，而不宜以多人为之，此征诸历史上而可见其例者也。

（三）既以一人为之，则其人之得位，非由世袭，即由民选。而世袭之弊，我国数千年来深受其毒，于前讲国体政体一课时已述之矣。

（四）君主世袭，弊之必至者有二：一则君主视国家为一人之私产，人民亦视国家为一人之私产。夫君主视国家为一人之私产，则不免暴虐人民，以图一己之私利。人民亦视国家为君主一人之私产，则不免有怀夺相杀之意，而战祸起矣。一世袭之君主，难于贤明而易于昏愚，其理由已如前述。君主既难于贤明而易于昏愚，故政局不能常保其清明，而革命之祸以起。我国历史上，所以隔数十百年，辄有一次祸乱者，以此也。此君主专制之祸之荦荦①大者，其他细故，难以遍举。

（五）以一君主而总揽一国大政，弊既如此，故立宪国家，不得不以君主为无责任，而使国务大臣代负其责。然此等君主，特块然②一物耳，绝无统一国家之能力也。

（六）元首之作用，对内为统一国家之机关，故对外即为国家之代表。凡国家与外国之交涉，多由总统代表之，以此也。

（七）为国家代表之人，人民理宜敬爱。专制时代之君主，其得位也以篡取行之，人民尚以其为国家之代表而忠爱之，况共和国之总统，由人民公举之，使负代表国家之重任者乎？

（八）《礼》云："大道之行也，天下为公。选贤与能，讲信修睦。"此实大同太平之极则也，民选总统，实寓斯意。故吾人在共和国中，

---

① 荦荦(luò luò)：清楚而分明。意谓要目、要点。
② 块然：浑然一体的、成块的样子。

苟有才德,不患无自效于国家之途。

备考

美国总统林肯,系渔家子,成就放奴之伟业。约翰孙①及何伯孙②,均系缝工。

---

① 约翰孙:今译安德鲁·约翰逊(Andrew Johnson,1808—1875),美国第 17 任总统。

② 何伯孙:也译霍勃森(R. P. Hobson),1898 年在美西战争的古巴战役中,实施"沉船堵口"战术的八勇士之一。

第九课　政府

要旨

本课授以政府之职掌，使学生知一国政治之渊泉。

本文

政府者，国家政务之总汇也。以各部行政长官组织之，而别设国务总理以总其成。凡一国之大政，皆分隶于是。国务总理，对议会而负责任，盖国民监督之权所寄也。共和国之政治，其得失虽在政府，然其责仍当由全体国民负之。盖政治之利弊多端，必非政府中人所能尽悉，匡正协助，责在国民也。且国民既有监督之权，而置政府之失职于不问，亦不能辞放弃之咎矣。

教授要义

（一）以增进国民之幸福故，而执行其必要之事务，谓之政治。一国之政务孔多，必有其总汇之所。政治总汇之所，则政府也。

（二）国家机关之执行政治，有分地而治者，有分事而治者。省长、县知事，执行一省或一县之政务，则分地而治之主义也。特种政务，由中央派遣官吏于地方为之，而直受成于中央，则分事而治之主义也。中央政府为一国政治之总汇，分部而治，而特设国务总理以总其成。盖政治贵乎统一，故既有中央政府，以总全国政务之成，又有国务总理，以总中央各部之成也。

（三）全国各种政务，其互相关联之处甚多，语其极，则非特互相关联而已，实不啻合各种政务而成一大政务也。何也？各种政务，其所欲达之目的皆同，特以欲达此一目的，故分行此各种事务而已。故各种政务，决不可缺于统一之精神，此国务总理之设，所以为必要也。若不设国务总理之国，则直由总统负其责任。

（四）中央政府，既为全国政务之总汇，而又为一国大政方针之所自出，故其关系极为重要。政治计划之得失，及其施行之当否，恒必由之。故国民监督之权，亦即寄于是。

（五）国民对于政府，既有监督之权，则政治之得失，自不能不负其责任。然欲克举监督政府之实，则政治上之智识不可不充分。故共和国民，不可不勉储其参政之才识也。

第十课　司法

要旨

本课授以司法机关之组织,使学生知立宪政体三权分立之精神。

本文

有法而不行,与无法同,此司法机关所以必不可缺也。然若与行政机关合而为一,则官吏可利用其司法之权以虐民,而审判难期公正矣。今世界各立宪国,司法之权皆与行政分离,各司法官任期皆终身,非据法律不得加以惩戒,所以保其独立也。审判时,必当公开许人旁听,所以保其公正也。虑人民之不能尽晓法律也,又特设律师为之辩护,所以保障人民之权利者至矣。

教授要义

(一)国家之设立,所以保国民之生存,而遂其发达也。夫欲保全体国民之生存而遂其发达,则国民中各个之分子,其行为必不可不循一定之方式。不循此一定之方式，则国家之组织为其所破坏，而国民设立国家之目的，无由达矣。故国家必有法焉，以范围其国民之行为，而于实行此种之法律，又必有一种强制执行之力。司法机关之设立，即为实行国家范围国民之法律起见。盖不啻以全体国民之公意，范围其国中各个分子之行为也。

（二）国内之安宁秩序，所以能维持者，皆借司法机关之力。故司法机关之于国民，关系甚大。

（三）人苟互相群居，即不可一日无法。一日而无法，则争夺相杀之祸起，莫或能自保其生矣。故司法机关者，国家不可一日缺者也。

（四）国家无论欲达何等目的，其强制执行之权力，均借司法机关以行之。故司法机关，决不可为他机关所利用。盖防其利用此机关，以达与国家本意相背之目的也，而司法机关之不能兼掌立法，理亦同此。

（五）惟立法、行政两机关，均独立于司法机关以外，则司法机关而欲利用其权能，以达其私目的也，则为立法机关所制限；行政机关而欲利用司法机关之权力，以达其私目的也，则为司法机关之所制限。而国家之本意常不失。国家之本意常不失，而人民设立国家之本意可达矣。此立宪国三权分立之真精神也。

（六）向者专制时代，官吏虐民之事亦多矣。任举其一，有不借司法之力以行之者乎？设司法之权，不在其手，此等官吏岂能达其目的乎？是可知司法独立，为保障人民权利之利器，亦为国家欲达其目的决不可缺之手段也。

第九册

第三学年第三学期

第一课　警察

要旨

本课授以警察之职权,使学生知警察关系之重要,及人民服从警察之义务。

本文

警察者,所以防危害于未然,以保持安宁秩序者也。其别有三:曰保安警察,曰行政警察,曰司法警察。保安警察,以防止人为之患害为职。行政警察,以防止天然之患害为职。司法警察,以逮捕罪犯,搜集证据,消灭已发生之患害为职。要之,皆所以维持安宁秩序者也。患害未发生之时,则不知豫防,及其既发生则仓皇失措,绝无补救之法,此皆野蛮人之状态,文明国民不应尔也。故警察之周密,实为政治进化之征①。

---

① 征:证明。

教授要义

（一）警察者，以防止患害于未然，而保持安宁秩序为目的者也。防止患害于未然，以保持安宁秩序，虽不足以尽行政之目的，然于行政中实为最要。盖必能防止患害，维持现状，然后有增进幸福之可言也。

（二）患害之发生，其原因可分为二种：一由于人，一由于物。由于人者，所谓人为之患害；由于物者，所谓天然之患害也。故警察亦因此而有对人对物之称：对人警察，所谓保安警察；对物警察，即所谓行政警察也。

（三）凡警察必限制人民之自由。盖警察以防止危害为目的，防止人为之患害，则须限制其人之自由。防止自然之危害，则须限制对于其物之人之自由也。然其限制人之自由，本以防止危害为目的，故人民对于警察之命令，不可不服从。不服从是非好危害人，即好自招危害也。

（四）今之人有不服警察之命令而自以为雄者，有受警察之限制而愤愤不平者，此皆误之甚者也。警察以防止患害为目的，设无警察，吾人岂能任患害之来而不加以防御乎？夫吾人亦欲防御患害，特以命令之出于警察故，而心不之服，是知二五而不知十也。

（五）一地方设立警察，势必增加人民之负担，往往有因此而议其多费者。告以警察有防御患害之用，则彼将曰：患害不能时时而发生，设无警察，患害亦未必遂至也。不知患害虽无必至之符，而亦无必不至之理，不能保其必不至而不为之防，及其至则束手而无如之何，此最智虑浅短者之所为，非吾人之所宜出也。况警察所豫防之患害，多为习闻而易见者乎？

（六）豫防患害之事，各地方多固有之，如救火会等是也。设有疑设立警察为徒劳妄费者，可告以救火会等之所防，亦非必至之患害，何不去之？设使去之，尔心以为如何？则其人必晓然①于警察之设之不为无谓②矣。

（七）警察之设，兼有促进人民程度之益。盖人之行动，而至受干涉于警察者，必为不正当之行动故也。屡受警察之干涉而因而改之，或因惧受警察之干涉而从而豫戒之，久而久之，自相习于不为矣。故警察之设，不徒能防止朕兆已见之患害，并能防止患害之朕兆，使不发生也。

（八）司法警察，为对于行政警察之名词。凡司法警察以外之警察，总称为行政警察。

---

① 晓然：明白的样子。
② 无谓：没必要，无价值。

第二课　教育一

要旨

本课授以教育为立国之本，使学生知共和国民之必受教育。

本文

昔人有言：民惟邦本。故欲强其国，先强其民；欲强其民，斯教育其首务矣。教育之要有三：曰德育，曰智育，曰体育。今各国皆行强迫教育之法，举一国之民及学龄，皆须入学校受教育，违者罪其父母。盖当列国竞争之世，国家根本之至计不得不然也。文化愈进，则人之求自立愈难。当今之世而不能受完备之教育，不徒国家无由强盛，即以个人论，亦必不能自立矣。

教授要义

（一）统观自第八册以来所授各课，凡一切立法、司法、行政之事，一言以蔽之，不外乎国家欲增进国利民福，以达国民设立国家之本意而已矣。然国家何人所设立乎？国家既设立以后，其事务果何人为之执行乎？则仍必曰国民也。故民也者,国之本也。能否设立组织完善之国家,与既设立以后,国家之行动,是否能达其本来之目的,一以国民之程度为断。而国民程度之高低,则一以教育程度之高低卜①之。故教育者,立国之本也。

（二）人无生而知之者,故教育为必要。

（三）一国中纵有少数优秀之人物,而大多数之人,皆属蠢愚,则其国事必不能善。即能补救于一时,亦决不能维持于永久也。故国民教育为必要。

（四）人之所以能进于善者,其道不外乎(1) 有为善之决心,(2) 能知为善之方,(3) 而又能实行之而已。所谓知、仁、勇为三达德也,此三者缺一不可。故教育亦因之而有德育、智育、体育三者。

（五）向者无国民教育,由专制政体视国家为君主一人之私产,利民之愚,不利民之智。盖非欲发达国民以达国家真正之目的者也。故今者断不可无国民教育。

（六）向者虽无国民教育而亦足以自立者,由闭关独立,不与人竞争故也。今则无国民教育,国家断不能为真正之发展,即不足以自存。故今者断不可无国民教育。

（七）今世界进化,非受教育之人,断不足以自立。故父兄为子弟计,及人之自为计,皆当以受教育为首务。

备考

〔民惟邦本,本固邦宁②〕见《尚书·五子之歌》。

---

①　卜：推测,估计。
②　民惟邦本,本固邦宁：邦,国家;本,根本。意谓百姓是国家的根本,只有根本稳固,国家才能安宁。

第三课　教育二

要旨

承上课授以各种高等教育,使学生知教育不以义务教育为止境,以奋发其向学之心。

本文

义务教育所以造就一般之国民,然国家之于教育,必非以此为足也。故由此层累而上之,自高等小学至于大学,则有所谓高等教育,听人自择其所宜。而与之相辅而行者,又有师范教育、实业教育等。凡以陶淑其民之道德,养成其民之智识能力,使克自立于竞争之世也。与学校教育相辅而行者,为家庭教育、社会教育。《传》曰:"天之生斯民也,使先知觉后知,先觉觉后觉。"中国今日教育尚未普及,已受教育之人,皆有化导他人之责,慎勿自坏其行,而贻社会以恶风也。

教授要义

(一)义务教育,所以造就一般国民也。然国家之所恃以自立者,决非谓得此而已足,故又有高等小学以上之教育。

(二)举一国之民而悉使受完全之教育,岂不甚善? 然今日社会情形,实办不到此。故不得已于一般国民仅使受四年之初等教育,而于高等之教育,则听其自由也。

(三)国所兴立,固贵一般国民,均有国民之资格。亦必有一部分水平线以上之人才,为之指导,此国民之中坚阶级,中国人所谓士君子也。夫使一国之民,皆受完全之教育,则人人有士君子之行,岂不甚善? 无如其一时办不到,则不得不借少数优秀之人物,为之倡导,为之指挥。此少数优秀之人物,实国家进步之原动力也。吾人今日欲有以自效于国家,不可不勉为此优秀之人物,而欲勉为此优秀之人物,则不可不勉受教育也。

(四)当告以欧美贫苦子弟,躬自操作,得佣资以求学者甚多,以兴起其受高等教育之念。

(五)当告以既受高等小学教育之人,与全未受过教育者不同。即不再入学校,一切学问,亦可自行研究,以坚其好学之心。

(六)学校教育,教育之有形者也。家庭教育、社会教育,教育之无形者也。人与学校之关系浅,与家庭之关系深;处学校之岁月短,处社会之岁月长。故家庭之习惯,社会之风气,影响于国民之品性者尤大。欲振兴教育,不当以设立学校为已足,当并家庭之习惯、社会之风气而改良之。

(七)既知家庭之习惯、社会之风气,影响于国民之品性者甚大,则吾人在家庭之举动,亦不可不自慎;在社会之举动,尤不可不自慎。所以示未受教育者之模范也。

(八)孔子云:"我学不厌,而教不倦。"此圣人之所以为圣人。看似平淡无奇,实为常人所万不能及。我辈虽不敢仰望圣人,然不可不勉效之。处今日教育尚未普及之时代,对于未受教育之人,均有指导之义务。若徒斥为愚鲁,傲然自足,实非所宜。

（九）世界之学问何穷,即备受高等之教育,所得者尚甚肤浅,况未能乎? 故必时时有学如不及,学然后知不足之思想。

备考

〔使先知觉后知,先觉觉后觉〕伊尹①语,见《孟子》。

---

① 伊尹:商朝的大臣。

第四课　地方自治一

要旨

本课授以地方自治之事，使学生知共和国之民，当有协谋公益之精神及能力，不当徒倚赖官吏。

本文

一地方之人民，其利害关系大抵相同，故法律许其结合团体，自谋公共之利益，所谓地方自治也。一地方之利害，流寓①之人所知，大抵不如土著之人之切。故人民自治之力不完而但倚赖官治者，其地方之政治必不能完善，人民所享之幸福，亦必不能具备矣。西哲有言：地方自治者，共和政治之雏形也。盖人民之有公共心，及智识、能力与否，胥于是乎觇之。吾侪既为共和国民，对于地方自治，不可不各尽心力求其完备也。

---

① 流寓：指流落他乡居住的人。

　　教授要义

　　（一）兴利除弊，均非一人之力所能逮，故必结合公众之力以图之，人民之设立国家，即以此也。然国家之为团体也大，民间纤悉之事，必一一自谋之，力固有所不给，势亦有所不逮。且各种利害关系，往往有为一地方所特有，而非全国所共同者，以国家之力行之，亦殊不便，故不如委任之于地方团体也。

　　（二）地方团体之自治，亦有一种权力，其权力系由国家付与之。

　　（三）本地方之利害，对于本地方之住民，相关最切，苟不能协力兴革，尚有何事之可为？故地方自治之善否，可以觇其国民是否有共和之资格也。

　　（四）吾国古者，地方自治之制，最为完备。及后世而日渐凋落者，乃由君主专制政体，忌民权之扩张，与地方自治制度不相容也。然吾国行政，主于放任，地方上之利害，官不为民谋兴革，民即不得不自兴革之。故吾国民自治之能力实最富，特未由国家正其名为地方自治之一团体，而附与之以一种权力耳。今也亦既正其名而附与之以一种权力矣，则吾民之所以自尽于地方，而试验其自治之能力，以无忝于共和国民之资格者，不可不倍加谨慎，倍加奋勉也。

　　（五）地方自治发达者，国家之基础，亦倍形稳固。故地方自治之事，虽若仅及于一地方，实则与国家之治乱盛衰相关最切。

　　（六）吾人对于地方，固宜协谋公益，存恭敬桑梓①之心。然因此而眼光所及，仅局于一地方，至不顾全国之公益则不可。盖地方

----

　　①　桑梓：古时，人们住宅旁常栽植桑树和梓树，后用作家乡或父老乡亲的代称。

恃国家而生存,弱国以利一地方,非真利也。吾国人地方之见颇深,不可不竭力化除之。

备考

〔雏形〕物体之缩小者,曰雏形。

第五课　地方自治二

要旨

同前。

本文

自治团体以住民之多寡、资力之厚薄为区别，而定其名曰市，曰乡。市乡皆有议会，选公民为议员，议决本市乡应兴应革之事。市有董事会，乡有乡长，以执行之。合市乡而成县，县有知事，掌官治，以监督地方自治者也。县亦有议会，议决一县所兴革，而以参事会执行之。《诗》曰："维桑与梓，必恭敬止。"吾人对于本地方，应如何同心协力以谋公益哉？

教授要义

（一）一国之有政治，所以图谋一国之公益；一地方之有自治，所以图谋一地方之公益。图谋一国之公益，当取决于国民多数之意见；图谋一地方之公益，亦当取决于一地方之公民之多数之意见。

故国家于政府之外,又有国会;地方于执行机关以外,亦有其会议机关也。

（二）地方自治之权,原系受诸国家,故当受官治之监督。盖必如是,然后无不能统一、不能调和之患也。

（三）设使吾人为市乡之议员,则一市乡之利弊,若者当兴,若者当革,吾人能一一胸有成竹乎？又设使吾人为市会之董事,一乡之乡长,则议会所议决之事,是否可以执行,抑须请其复议？如可执行矣,必如何而后能底①于完善,吾人能一一皆有把握乎？于此可见政治之才之贵于豫储。

（四）协谋一市之公益,其责在于市议员及董事会之手。协谋一乡之公益,其责在于乡议员及乡长之身。设吾人选举议员董事乡长时而不慎,其害岂不身受之乎？于此见选举之不可不慎,一市一乡如是,推之一国,亦如是也。

（五）地方自治,所以分县与市乡两级者,盖一县之公益,当合一县之人以谋之;一市一乡之公益,当合一市一乡之人以谋之也。市乡之自治事务,不能委之于县,与地方自治之事,不能委之于国家者,其理正同。

备考

〔维桑与梓,必恭敬止〕②　见《诗经》。

---

①　底：至,到。
②　维桑与梓,必恭敬止：意谓对待家乡要有敬畏的心理。

第六课　选举

要旨

本课述选举,使学生知选举权之性质。

本文

国家庶政,必顺舆情。故国有国会,省有省会,县与市乡亦有议会。盖各方面之利害,必合各方面之人乃能周知,而全国及一地方之行政,亦必视大多数人之意向。此所以议政之权,操之议员,而选举议员之权,则操之于多数公民也。选举及被选举,自一方面言之,为国民对于国家之义务;自一方面言之,即为国家赋与国民之权利。彼违法运动及受人运动者,不徒可耻,抑亦刑法上之罪人也。

教授要义

(一)国家之有政治,所以增进全国民之福利;一地方之有自治,所以增进一地方人民之福利。而国民之公利与一地方人民之公利何在,与其委之于一二人之专断,不若委之于多数人之筹谋,所得者较为正确也。故国家之有国会,地方之有议会,实图谋全国民及一地方人民之公益,最善之方法也。

（二）如是则以政治付诸议会之筹议,其结果利益,必及于吾人。故吾人之有选举权及被选举权,实为吾人所应享之权利。然议会之议政,非徒为吾人一人之私益,而实为全体之公益。则吾人之有选举权及被选举权,又为一种之义务也。盖国家因欲达其开设议会之目的,故以此责任课吾人也。

（三）以政治付议会公议,其利益既如上所述。则议员而不能称职,害亦如之,不待言而可知矣。然则吾人而不以正当之方法选举议员,使一国及一地方之人,皆受其害,其罪大矣。受刑法上之制裁,谁曰不宜?

（四）以不正当之手段,谋得被选举及选举者,其道多端,而要不外乎威胁及利诱。夫受人之威胁而选举之,可耻;受人之利诱而选举之,尤可耻。即用威胁利诱之手段,得达被选之目的者,亦庸①足乐乎? 以为荣耶? 得之不以正,人人将指而目之,而何乐之有? 以图利耶,议员有何利可图? 议员而至于可以图利,其为议员也可知矣,未有终不败露者也。刑法从而制裁之,国人从而非笑②之,名固丧矣,利亦安在? 彼受些小③之利,而为之效力;慑于无足重轻之威,而为之奔走者,至是亦伴之俱为刑法上之罪人。利固无有矣,威亦安能庇我乎? 故吾人遇有此等事务,须毅然决然,持之以正,而决不可随波逐流也。

---

① 庸:何以,怎么。
② 非笑:讥笑。
③ 些小:细小,微小。

第七课　纳税

要旨

本课授以纳税之义，以引起学生对于国家之责任心。

本文

吾人以眇然①之躯②，处于社会之中，所以身命财产皆获安全，而一切幸福且蒸蒸日上者，由有法律以保护之，又有政治以促进之也。使无法律政治，则生命财产皆不能一日安，而况于幸福乎？国家以维持社会秩序，增进社会幸福，故而有种种之费用。此种种之费用，苟非吾人负担之，将谁负担之哉？专制时代，举国之租税视为君主一人之收入，故轻徭薄赋，君主视为宽典，小民亦颂为仁政。共和时代，国家为人民所公有，国家之事，即国民之事。若犹沿袭此思想，实谬之甚者也！

---

① 眇然：弱小貌，微小貌。
② 躯：身体。

教授要义

（一）社会之克维持秩序，赖国家之有法律。社会之克增进幸福，赖国家之有政治。而立法、司法、行政实行之也，必皆须财，故财为国家庶政之本。

（二）国家之自身不能有财，故财必责之于国民。

（三）所以设立国家者，为欲维持现状增进幸福故也。设立国家而不与之以财，则一切政治皆无由行，即与无国家等。

（四）设无国家，则吾人保全生命增进幸福之事，必一一自谋之，其所费较国家之为吾谋者，将十百千万而未有已，其结果必不能如国家之为吾谋者之完善，甚至全不能达其目的者有之。此吾人之所以设立国家，以自谋其幸福也。盖设立国家以谋吾人之幸福，即为吾人所费最少，所得最多之良策矣。

（五）如上所述之理，可于兵刑二者见之。国家岁掷巨大之经费，以扩张海陆军，设立司法机关，吾人之负担，诚亦因此而增重。然设无国家，外侮至，吾人能自御之乎？盗贼至，吾人能自捕之乎？藉曰不能，则其所损失者，较诸纳税当几何矣？

（六）专制时代，惟王不会①，视全国之收入，悉为君主一人之私产。既又以轻徭薄赋，博宽大之名，此真朝三暮四愚民之术也。而人民亦遂颂其宽大之恩，宁非真以奴隶自处乎？今共和时代，国为民国，财为国民之财，用之皆以图谋国民之公益，而犹沿袭此等思想，不亦谬乎？况立宪时代，亦既虑政府收税之不得其当，而监督之以议院矣，又虑其用之不得其当，而监督之以豫算决算，及会计审

---

① 惟王不会(kuài)：会，总计。意谓王室的膳食消费，不用年终盘算，敞开使用。

查之制矣。此而犹视纳税为畏途，以逃税为幸遇，不亦有靦面目①乎？凡我国民，可不戒哉！

备考

〔轻徭薄赋〕轻其徭役，薄其赋税也。

---

① 有靦(tiǎn)面目：靦，露脸见人，又有羞愧的含义；面目，面貌，脸面。犹言有何脸面见人。

第八课　当兵

要旨

本课详当兵之原理,以明人民有保护国家之义务。

本文

凡物皆有其自卫之具,而况于人乎?而况于国乎?国之有兵,则国之所以自卫,而亦即民之所以自卫也。《传》曰:"国于天地,必有与立。"与国同休戚者,民也。故服兵役之事,外国人不得与;若本国人而亦规避兵役,岂非以外国人自居乎?我国自古以来,民德强武,兵威远耀,故能征服异族,为亚洲一大国。自与西洋交通以来,兵出屡败,土地日蹙①,利权尽丧,外人至诮我为不武之民。嗟!我国民何时一雪斯耻哉!

---

① 蹙(cù):皱,收缩。

教授要义

（一）鱼有鳞，蜂有螫，鸡有爪距[1]，牛马有蹄角，天皆赋以自卫之具。独人无之，苟不自谋，外侮且因之而至，故人不可不知自营其保卫之方。

（二）国家者，人民所集之大社会也。人民为其体，而国家为其名，人民不知保卫国家，则国家之虚名不能自保。故兵之为用，虽为保护国家，亦即人民之所以自卫。名与体固不能离而为二也。

（三）国家即民，民即国家。古人譬之子弟卫父兄，手足捍头目，此中盖无彼此之可言。国家而亡，人民何有？人民苟存，必思所以维持其国家，使长存于天地间也，此即立国之大本也。

（四）人民既与国家不可分而为二，则规避兵役，竟是自弃其手足而不用，断非人情。

（五）既有国家之范围，则此一国家，彼一国家，其中不能无界限。外国人不得与于本国之兵役者，犹之他人之手，不能代我搔痒而抚痛也。

（六）我国近年，习于文弱，人皆谓昔年传习所致。不知古时国人，无不尚武。孔子能举国门之关，其教人礼乐书数之外，必兼射御。吾人当知此义，庶不堕古来民德。

（七）自周以前，我国疆域，仅局于黄河流域。汉始服匈奴通西域，此后出兵远略，代有其事。慎勿谓自古闭关自守，未尝与闻天下事也。

（八）西洋交通，始于西汉张骞出使。远届罗马，历史具在，信

---

① 距：雄鸡足后突出如脚趾的部分，打斗时用以钩刺。

而有征。东汉大秦航海东来,已在张骞之后,故欲谈远略,我华人固开西洋之先导。其时西洋之仰望我国,亦复中心①诚服,而今则一反其情形矣。可不自知所以振作哉!

备考

〔国于天地,必有与立②〕见《左传》。　〔民德强武〕自黄帝征服蚩尤,为汉族强武之最初证据,此后历史可征者甚多。　〔征服异族〕苗最著,此外匈奴、西域等,皆不与我同族。　〔土地日蹙〕台湾,东三省,黑龙江以北,乌苏里江以东,新疆伊犁城以西北,朝鲜、缅甸、琉球、越南,先皆我属。　〔利权尽丧〕如内河航行权,铁道建筑权等,无一不有外人侵入。

---

① 中心:衷心。
② 国于天地,必有与立:意谓一个国家能够立足于天地之间,必有其坚实的基石。

第九课　服从法律

要旨

本课说法律所以维持全国之秩序，使学生坚服从法律之观念。

本文

法律者，所以范围人之行为，使社会之秩序得以维持者也。世之人，有以不守法律夸示其权力之优者，又有破坏法律以自便其私图者，皆国家之罪人也。今试问文明各国有无法律者乎？又试问世界进化法律有不同趋于完备者乎？然则法律者，文明进化之征也。彼不守法律者，适自成其为野蛮之行而已。语曰："己所不欲，勿施于人。"使一国之人，人人皆不守法律，吾人又何以自安？反是以观法律，安可不服从哉？

教授要义

（一）法律之由来，导源契约。两人共守之条文，谓之契约。团体公订之条文，谓之规则。全国共守之条文，则法律是也。故法律有范围全国人行为之效用。

（二）人之行为，何以必就范围，为保公安之故也。人人所承认，即为公安，即为秩序。无法律，则人人所承认之公安不见，而社会之秩序混乱矣。维持而谨守之，是在服从法律。

（三）国何以有法律，人民有公认之条文故也。既公认之而自破坏之，此为人民之公敌，社会之巨蠹，既为人民社会所不容，则国家岂能承认其自由哉？

（四）草昧榛狂①之世，无法律之可言，弱肉强食而已。是何也？人民智识浅短，未尝知议订公守之条文，以为合群之用也。人民程度，日进文明，斯法律断无不成立者。

（五）人民进化，始造法律之初，其节文条目，必未完备，古史所述可征也。历代增订，渐趋于密。至今日文明先进诸邦，法律学始臻完备，而其进化亦非古人所能及矣。

（六）法律与文明之关系如此，苟不知遵守，非回复其野蛮之自由，直无以自立于世界。吁嗟！吾徒，其可自甘于野蛮乎？

（七）盗贼扰乱及一切侵人之事，皆法律所不许。凡法律所不许，皆非吾人所愿遭逢也。然则以我所不愿遭逢之事，而施之于人，人岂能容我乎？人人以我不愿遭逢之事，施之于我，我其能忍为一日之安乎？

（八）我生今日，而能不遭逢我所不愿遭逢之事，何也？以有法律为之保障也。法律之益我如此，而不服从者，则为天下所共弃而已。

备考

〔己所不欲，勿施于人②〕见《论语》。

---

① 草昧榛狂(zhēn pī)：意谓混沌未开化的状态。
② 己所不欲，勿施于人：意谓自己所不愿的事，不要强加于别人。

第十课　爱国

要旨

本课述亡国之惨,以兴起学生之爱国心。

本文

印度,大国也。安南、朝鲜,亦皆亚洲文明之邦也。以国民不知爱国,夷为英、法、日本之属矣。《传》曰:"民之所欲,天必从之。"我国人口之众,土地之广,甲于五洲;气候之温和,物产之丰富,亦为各国所不及。而至今以贫弱闻于天下,谓非国民爱国之心尚有所欠阙哉?亡国之民,一切权利义务皆不克与战胜国之民相等,非不幸也,自取之也。《诗》曰:"啜其泣矣,何嗟及矣!"观于印度、朝鲜、安南之民,可不知所警哉?

教授要义

(一)国即民之国,民为国之民,国与民非有二物也。问人有不自爱其身者乎?无有也。问人有不自愿其身之安康而强健者乎?

无有也。然则何为而不爱国？国固我之国也。

（二）印度、朝鲜、安南，今皆亡矣。彼印度、朝鲜、安南之民，自愿亡之乎？非也。谓彼国之民，不知印度、朝鲜、安南为彼之国乎？亦非也。然而亡矣。有国而不知爱，于人乎何尤①？

（三）国以一人兴，以一人亡。凡我国民之在国也，皆具有一人之资格者也。欲兴此国也，我兴之；欲亡此国也，我亡之。试问吾人愿亡乎？愿兴乎？

（四）为国之本者民也，民多国强，民寡国弱。譬之一木易折，众擎难摧，人人知之。我国户籍法开始拟行，人民未得确数，然以略数言，共知为四百兆②矣。求之寰球各国，人数未能踰我也，此固宜兴者一也。

（五）民何以赖？赖于土地，无土地则民众不能自存，此又人人所共知也。我国疆土，北尽蒙边，南临崖海，东至东瀛，西连卫藏③，以方里计之，世界各国，广袤④有逾我者，亦不数觏。土广而物阜⑤，物阜而民昌，此又宜强者一也。

（六）日光斜照地球，南北极有常冰之地，赤道有溽暑⑥之邦。气候调和，厥推温带。而我国适居温带之中，此固列邦所倾羡⑦，而我独享之。我之自视我国，其感情固何如乎？

（七）文明古邦，独推东亚，非我自夸，固世界所公认也。然而其贫如此，恃借债以为生；其弱如此，受人欺而不能与较。嗟我国

———————————

① 尤：过失，罪过。
② 兆：数目，百万为兆。
③ 卫藏：旧时西藏的别称。
④ 广袤(mào)：古时，以东西长度为"广"，南北长度为"袤"。意谓广阔。
⑤ 阜：盛，多。
⑥ 溽(rù)暑：又湿又热的气候。
⑦ 倾羡：倾慕，羡慕。

民，其甘于自弃乎？何为而使至于此极也？

（八）国亡身亡，事由一贯。彼印度、朝鲜、安南，幸有孑遗①，已无生理。彼民之在今日，未必不悔其当初之对于国家，实不自知爱护也，然而晚矣。

（九）至我国土地物产，实远胜于印度、朝鲜、安南，他人之垂涎而思一逞者，今尤啞啞。吾辈国民，慎勿自贻将来之悔也。

备考

〔印度〕位于亚洲西南之印度半岛，部落分争，愚昧已甚，卒为英人所役属。　〔安南、朝鲜〕安南，在亚洲南部，今属于法；朝鲜，在中国之东，今属于日本。　〔民之所欲，天必从之〕见《尚书·泰誓》。　〔人口、土地〕我国人口号称四万万，土地约三千三百余万方里。　〔啜其泣矣，何嗟及矣〕②见《诗·王风》。

---

① 孑(jié)遗：残存者，遗民。
② 啜(chuò)其泣矣，何嗟及矣：啜，哭泣，抽噎；嗟，叹息。意谓抽泣哽咽，悲伤难禁，但已后悔莫及了。

第十一课　道德

要旨

本课促学生实践之义，以总前授各课，而明道德之指归。

本文

修身之道，贵乎实践；不能实践，虽博闻强记无益也。人虽至愚，未有不知善之为善、恶之为恶者。知其为善而不为，知其为恶而为之，斯不可救药矣。苟能于行事之际，随时省察，善者为之，恶者不为，人人皆善人也。昂藏①七尺躯，何至遂为恶事？何至遂陷溺于恶事而不知返？苟一念及有不悚然汗下者乎？孟子曰："人之所以异于禽兽者几希。"②痛哉！斯言可不念哉？可不惧哉？

---

① 昂藏(cáng)：仪表雄伟、气宇不凡的样子。
② 人之所以异于禽兽者几希：意谓人和动物的相差甚微。见《孟子》。

教授要义

（一）我欲登楼而不肯涉梯，能登楼乎？我欲渡江而不肯乘船，能渡江乎？江也，楼也，人皆知其可渡，知其可登也。然而不涉梯不乘船，则终不能登，不能渡也。故事贵实行，修身尤贵实践。践者，行之谓也。

（二）诸生读书，书可毁裂乎？皆知其不可也。诸生习字，笔墨可损弃乎？皆知其不可也。善恶之辨，人人有此心。然而不免为恶者，未之思也。

（三）明知书之不可毁裂，笔墨之不可损弃矣，而故意毁之，故意损之，故意弃之，吾知诸生必不愿如此。然使今日而竟有如此之人，诸生将谓之何？

（四）楼也，江也，书也，笔与墨也，事之小焉者也，理之显焉者也。平居一举一动，皆可作如是观。自知为善，实践力行；自知为恶，实践力戒。天下有不能为善人者哉？

（五）生而为人，有聪明，有材力，更有辨别善恶之聪明。有行善戒恶之材力，则亦何至不能为善人？则又何至竟成为恶人？更何至甘心为不善而恶之人？使竟有之矣，诸生将谓之何？

（六）孟子有言："人之所以异于禽兽者几希。"其言至为沈痛①，诸生念之。

备考

〔昂藏〕高大雄壮之谓。　　〔几希〕少也。

---

① 沈痛："沈"同"沉"，即沉痛。